Os Fazeres na Educação Infantil

Dados Internacionais de Catalogação na Publicação (CIP)
(Câmara Brasileira do Livro, SP, Brasil)

Os Fazeres na educação infantil / Maria Clotilde
   Rossetti-Ferreira...[et al.]. — 12. ed. — São Paulo : Cortez ;
Ribeirão Preto,
   SP : Creche Carochinha : Ribeirão Preto, SP :
   CINDEDI, 2011

   Outros organizadores: Ana Maria Mello, Telma
Vitoria, Adriano Gosuen, Ana Cecília Chaguri.
   ISBN 978-85-249-1463-8

   1. Creches 2. Creches - Brasil 3. Educação
infantil I. Rossetti-Ferreira, Maria Clotilde.
II. Mello, Ana Maria. III. Vitoria, Telma.
IV. Gosuen, Adriano. V. Chaguri, Ana Cecília.

08-11235   CDD-372.21

Índices para catálogo sistemático:
1. Crianças de 0 a 6 anos : Creches : Educação infantil 372.21
2. Educação infantil 372.21

Os Fazeres na Educação Infantil

Organizadores
Maria Clotilde Rossetti-Ferreira
Ana Maria Mello
Telma Vitoria
Adriano Gosuen
Ana Cecília Chaguri

12ª edição
4ª reimpressão

Os Fazeres na Educação Infantil

Organizadores
Maria Clotilde Rossetti-Ferreira • Ana Maria Mello • Telma Vitoria
Adriano Gosuen • Ana Cecília Chaguri

Preparação de originais
Ana Maria Mello e Adriano Gosuen

Revisão
Ana Maria Mello e Valnei Andrade

Projeto e coordenação gráfica
Valnei Andrade

Ilustrações
Capa e internas: Cleido Vasconcelos
Internas: Marcelo Tomaz
Brinquedos: Rodrigo H. Flauzino

Fotos
Arquivo Creche Carochinha
Brinquedos: Arnaldo Sannazzaro

Padronização
Maria de Lourdes de Almeida

Coordenação editorial
Danilo A. Q. Morales

CINDEDI / FFCLRP / USP
Av. Bandeirantes, 3900
14040-901   Ribeirão Preto – SP
Tel.: (16) 3602.3791
E-mail: cindedi@ffclrp.usp.br

CRECHE CAROCHINHA / COSEAS-USP
Av. Bandeirantes, 3900
14040-901   Ribeirão Preto – SP
Tel.: (16) 3602.3580 / 3581 / 3588
E-mail: ccarochinha@usp.br
http://www.pcarp.usp.br/pages/carochinha/default.asp

Direitos autorais destinados ao Centro de Referência e Criação do Educador Iara Matos (Crece) — Associação de Pais e Educadores da Creche Carochinha (APECC).

1ª edição: outubro de 1998
Texto revisto e ampliado a partir da 11ª edição em março de 2009.

Nenhuma parte desta obra pode ser reproduzida ou duplicada sem autorização expressa dos autores e do editor.

© 1998 by Autores

Direitos para esta edição
CORTEZ EDITORA
Rua Monte Alegre, 1074
Tel.: (11) 3864.0111 • Fax: (11) 3864.4290
05014-001   São Paulo – SP
E-mail: cortez@cortezeditora.com.br
www.cortezeditora.com.br

Impresso no Brasil – março de 2018

AGRADECIMENTOS

*Às crianças e suas famílias;
e aos funcionários da Creche Carochinha*

Pesquisadores e técnicos do Centro de Investigações sobre Desenvolvimento Humano e Educação Infantil – Cindedi

- *Faculdade de Filosofia, Ciências e Letras de Ribeirão Preto – USP*
- *Prefeitura do Campus de Ribeirão Preto – USP*
- *Coordenadoria de Saúde e Assistência Social – USP*

- *FAPESP*
- *CNPq*
- *ASHOKA*

- *Fernando Rossetti*

AUTORES • COLABORADORES

Adriano Gosuen,	mestrando em Psicologia, pesquisador do Cindedi, USP.
Alessandra L. F. Giovani,	educadora da Creche Carochinha.
Alma Helena A. Silva,	educadora da Creche Carochinha.
Ana Cecília Chaguri,	mestra em Psicologia, pesquisadora do Cindedi, USP.
Ana Maria Mello,	doutoranda em Psicologia e supervisora das Creches USP / Coseas Interior.
Ana Paula Soares da Silva,	doutoranda em Psicologia, pesquisadora do Cindedi, USP.
Árthemis Sepentzoglou,	educadora da Creche Carochinha.
Cândida Bertolini,	educadora da Creche Carochinha.
Carmen Dimas,	educadora da Creche Carochinha.
Caroline F. Eltink,	mestra em Psicologia, pesquisadora do Cindedi, USP.
Cláudia Yazlle,	mestranda em Saúde Mental, pesquisadora do Cindedi, USP.
Cleido Vasconcelos,	biólogo, artista plástico, pós-doutorando do Cindedi, USP.
Débora Cristina Piotto,	mestranda em Psicologia, pesquisadora do Cindedi, USP.
Dulcineia G. Alves,	educadora da Creche Carochinha.
Edna Ap. A. da Costa,	educadora da Creche Carochinha.
Eliane F. Costa,	educadora da Creche Carochinha.
Eva Agassi,	educadora da Creche Carochinha.
Francisca F. Silva,	educadora da Creche Carochinha.
Francisca S. Souza,	educadora da Creche Carochinha.
Grace M. T. Abrahão,	educadora da Creche Carochinha.
Ionice Oliveira,	educadora da Creche Carochinha.
Ivanira B. Cruz,	educadora da Creche Carochinha.
Juariana Micheli,	educadora da Creche Carochinha.
Judith Ramos,	auxiliar de enfermagem da Creche Carochinha.
Laudicéia Guimarães,	educadora da Creche Carochinha.
Lenice Frazatto,	psicóloga, pesquisadora do Cindedi, USP.
Lésia M. Fernandes Silva,	pedagoga, coordenadora de módulo da Creche Carochinha.
Liliane G. Goulardins,	psicóloga, estagiária do Cindedi e da Creche Carochinha.
Lúcia Vaz de Campos Moreira,	mestra em Psicologia, professora da UFBA.
Luciane Sá de Andrade Baldin,	mestra em Psicologia, pesquisadora do Cindedi, USP.
Lucimeire Ap. Coelho,	educadora da Creche Carochinha.
Luís Ribeiro,	jornalista da USP-RP, editor do Batata Quente.
M. Clotilde Rossetti-Ferreira,	professora da FFCLRP-USP; coordenadora do Cindedi.
Mara Campos de Carvalho,	professora da FFCLRP-USP; pesquisadora orientadora do Cindedi.
Maria A. S. Martins,	educadora da Creche Carochinha.
Maria José Bernardes,	educadora da Creche Carochinha.
Marisa Vasconcelos Ferreira,	mestranda em Psicologia, pesquisadora do Cindedi, USP.
Marlene Felomena M. Amaral,	auxiliar de enfermagem da Creche Carochinha.
Marta A. M. Rodriguez,	educadora da Creche Carochinha.
Mirian de S. L. Oliveira,	educadora da Creche Carochinha.
Regina Brunelli (in memoriam),	educadora da Creche Carochinha.
Regina Teles,	pedagoga da Creche Carochinha.
Renata Meneghini,	mestranda em Psicologia, pesquisadora do Cindedi, USP.
Rita Brunello,	educadora da Creche Carochinha.
Rosa V. Pantoni,	mestranda em Psicologia, psicóloga da Creche Carochinha.
Rosana Carvalho,	educadora da Creche Carochinha.
Rosana Stella,	educadora da Creche Carochinha.
Rosangela S. Oliveira,	educadora da Creche Carochinha.
Sandra Heloisa Pinto Gomes,	educadora da Creche Carochinha.
Silvana Januário,	pedagoga, coordenadora de módulo da Creche Carochinha.
Tatiana Noronha de Souza,	educadora da Creche Carochinha.
Telma Vitoria,	mestra em Saúde Mental, diretora do CECEI / CAASP / OAB.
Thais Helena Ferreira,	educadora da Creche Carochinha.
Viviane Besani,	psicóloga, pesquisadora do Cindedi, USP.

Apresentação à 11ª edição

Dez anos de publicação e dez edições do nosso livro. Fazeres que se multiplicam em novos fazeres...

A demanda por uma educação infantil de qualidade aumenta no Brasil e no mundo, com as novas organizações familiares e a crescente participação de mães com crianças pequenas no mercado de trabalho.

Nessa década, muitos avanços ocorreram na legislação brasileira, estimulados pela militância contínua e atenta dos participantes do MIEIB (Movimento Interfóruns de Educação Infantil do Brasil), distribuídos por todo país.

Interessantes documentos foram produzidos para nortear a promoção da qualidade nas instituições de Educação Infantil. A formação prévia e continuada dos professores/educadores se ampliou, conforme preconizado pela LDB (Lei de Diretrizes e Bases da Educação, 1996).

Estas várias conquistas na área nos impuseram uma reedição dos "Fazeres na Educação Infantil". Particularmente por que, no cotidiano das creches e pré-escolas, resta ainda muito a fazer.

A inserção da educação da criança de zero a três anos no sistema de ensino, em especial, criou muitos desafios, que se estendem à pré-escola:

• Como construir propostas pedagógicas adequadas para compartilhar o cuidado e educação dessas crianças com suas famílias?

• Como organizar os espaços e os tempos, de forma a acolher com qualidade as crianças e suas famílias, respeitando seus direitos?

• Como favorecer suas interações e brincadeiras, que constituem sua forma básica de explorar e de aprender a aprender?

• Como promover sua curiosidade, sua autonomia, com segurança, em todas as atividades, ampliando o grau de participação das crianças?

• Como propiciar sua inserção na cultura e nas mais variadas linguagens?

• Como colaborar para a construção de sua identidade e para a aceitação e inclusão do diverso, do diferente?

Essas e outras questões são tratadas nas pequenas crônicas deste livro, as quais tecem as experiências práticas e os conhecimentos produzidos em parceria por um grupo de professores/educadores da Creche Carochinha e por docentes e pesquisadores do Cindedi, ambos da Universidade de São Paulo, Campus de Ribeirão Preto.

Esta reedição é iniciada com o poema *"Não é lixo, é bicho!"*, de Rodrigo H. Flauzino, um ex-educador da Carochinha, que domina a magia de transformar as mais diferentes sucatas em brinquedos.

A preparação dos originais ficou por conta de Ana Maria Mello, e deve à paciência e confiança incansáveis do coordenador gráfico Valnei Andrade e de nossa Cortez Editora, a quem apresentamos nossos mais sinceros agradecimentos.

Além dos capítulos *"Virar gente: reflexões sobre o desenvolvimento humano"* e *"Os contos que as caixas contam"*, acrescentados na 2ª edição, para a 11ª edição anexamos um novo artigo organizado por Tatiana Noronha sobre *"Avaliação na Educação Infantil"*. A fim de incluir os múltiplos avanços ocorridos nestes últimos dez anos, Ana Mello reescreveu *"Um diálogo com os diretores"* e, com a coordenação de Ana Paula Soares da Silva, reescrevemos integralmente o capítulo sobre *"As leis e normativas da educação infantil brasileira"*. *"As sugestões de leituras"* foram extensamente atualizadas e reformuladas por Débora Piotto e Telma Vitoria.

Como na antiga apresentação, apontamos que não se trata de um livro a ser lido de uma só vez, sempre na mesma sequência. A ideia é que essas histórias se tornem, cada uma a seu tempo, temas de reflexão e discussão para pais e sobretudo entre profissionais que lidam — ou vão lidar — com educação infantil. São, também, um material interessante a ser usado em programas de formação de professores e outros profissionais na educação infantil.

Para isso, as pequenas crônicas do corpo do livro foram todas mantidas, agrupadas em cinco conjuntos: *adaptação e relações afetivas* (capítulos 5 a 18); *múltiplas linguagens* (capítulos 19 a 35); *rotinas e hábitos* (capítulos 36 a 43); *um ambiente para a infância* (fotos e capítulos 44 a 50); *controle e disciplina* (capítulos 51 a 53).

São muitas histórias sobre os fazeres de crianças de 0 a 6 anos de idade e sobre os fazeres dos profissionais e da instituição que as atendem em parceria com as famílias. Histórias bem-informadas que nos ajudam a refletir sobre o nosso próprio fazer com as crianças.

Clotilde

Ribeirão Preto, agosto de 2008

Apresentação à 2ª edição

Contar histórias sempre foi um dos principais recursos da humanidade para trocar experiências sobre a educação das crianças.

— *Sabe o que o meu filho fez ontem?...*
— *Isso não é nada. A minha filha...*
— *E daí, o que você fez?...*

É com esse tipo de conversa corriqueira que as mães, os pais, as gerações, constroem e transmitem os conhecimentos sociais necessários para cuidar bem dos filhos.

Este livro também conta histórias sobre as formas de lidar com as crianças. Só que as experiências que se propõe a trocar são de como fazer isso em instituições de educação infantil, ou seja, nas creches e nas pré-escolas.

Os temas abordados, na verdade, são praticamente os mesmos que aparecem quando mães e pais se reúnem para conversar sobre os filhos: os medos, a alimentação, a higiene, o sono, as mordidas, as brigas, os materiais didáticos e os brinquedos, a chegada de uma criança portadora de deficiência, os afetos e desafetos, a arrumação do espaço, a aprendizagem e seus problemas, os limites, a disciplina.

A diferença é que, além de se referir à educação coletiva de crianças, as histórias tecem as experiências práticas do grupo de educadores que trabalha há treze anos na Creche Carochinha, e os conceitos e conhecimentos produzidos por pesquisadores do Cindedi, ambos da Universidade de São Paulo, Campus de Ribeirão Preto.

É um livro que não precisa ser lido de uma só vez, da primeira à última página. Como nas conversas sobre os filhos, que ocorrem quando necessário, por questões concretas, as experiências aqui relatadas estarão disponíveis quando problemas parecidos surgirem em outras instituições.

A ideia é que essas histórias tornem-se, cada uma a seu tempo, tema de discussão entre profissionais que lidam — ou vão lidar — com a educação infantil. Podem também ser um material interessante a ser usado em programas de formação de professores e outros profissionais na educação infantil.

Nos últimos anos, esse campo vem sofrendo profundas mudanças, tanto legais quanto conceituais. Assim, o livro também apresenta textos sobre as novas leis que regulamentam esse tipo de trabalho e as formulações mais recentes da ciência sobre o desenvolvimento das crianças.

Enfim, nesta obra você vai encontrar muitas histórias sobre os fazeres de crianças de 0 a 6 anos de idade e sobre os fazeres de uma instituição que as atende em parceria com as famílias. Histórias bem informadas, que — como uma avó ou comadre experiente — ajudam a refletir sobre o seu próprio fazer com as crianças.

• • •

Felizes com o sucesso do livro, que se esgotou em um ano, achamos interessante fazer alguns acréscimos e pequenas modificações nesta segunda edição. Atualizamos os capítulos que falam de leis e regulamentações para incluir os recentes avanços ocorridos na educação infantil brasileira. Também complementamos as **Sugestões de Leituras** *com o que de importante e novo chegou a nosso conhecimento. E, finalmente, acrescentamos dois novos capítulos que nos foram cobrados por vários colegas: "Virar gente: reflexões sobre o desenvolvimento humano" e "Os contos que as caixas contam: entender o mundo pode acontecer através de uma caixa de história".*

Desejamos que estes pequenos acréscimos tornem o livro mais interessante e útil aos leitores.

Um abraço,

Clotilde

Ribeirão Preto, fevereiro de 2000

Não é lixo, é bicho!

*Rodrigo Humberto Flauzino**

Robô de lata
Cachorro de sucata
Boneco feito de caixinha
Boneca de arame e de tampinha

    Tem dinossauro que saiu do xampu,
    Tem boi e tartaruga, só não tem tatu
    Olhando pro belo do lixo
    Nasceu cada brinquedo-bicho

A tampa da garrafa
Virou o pescoço da girafa
O bico do detergente
O chocalho da serpente

    Na Creche, contou história
    Da molecada, marcou a memória
    O que era de se jogar fora
    Ganhou vida e foi mundo afora

Hoje o brinquedo-bicho
Que um dia já foi lixo
Entrou no livro sobre gente pequena
Que conta que educar sempre vale a pena!

*Ex-professor da Creche Carochinha e criador dos personagens de sucata reproduzidos neste livro.

Índice

1 • O fazer dos fazeres: história de uma parceria produtiva 21

2 • Um diálogo com os diretores de creches e pré-escolas 25

3 • A formação nossa de cada dia 31

4 • Virar gente: reflexões sobre o desenvolvimento humano 37

• • •

5 • Pais e educadores: a fome de conhecimento um do outro 43
*Na relação entre pais e educadores deve existir espaço para
expressar sentimentos, facilitando a adaptação na creche.*

6 • Relação afetiva, assunto de berçário 45
*Reconhecer a importância do vínculo afetivo do bebê com a
mãe e familiares é fundamental no trabalho do educador.*

7 • O adulto, um parceiro especial 49
O adulto facilita a criança a explorar o ambiente e a socializar-se.

8 • Quando a criança começa a frequentar a creche ou pré-escola 51
*Planejamento e organização podem auxiliar nos primeiros dias
da criança, dos familiares e dos próprios educadores na creche.*

9 • Encontros e despedidas 56
Educadores, crianças e famílias constroem vínculos aprendendo a despedir-se.

10 • Novo ano, nova turma, nova adaptação 59
O educador num processo de adaptação à nova turma, seus pais e antigos educadores.

11 • Chegou a hora de ir para a escola 61
Crianças elaboram o processo de despedida da creche.

12 • Como será que eu vou me virar com ele na turma? 63
*Crianças portadoras de deficiências são capazes de fazer
algumas coisas e outras, não. Como todo mundo.*

13 • É meu, é seu, é nosso, ou é da creche? 67
*Trabalhando com a ideia do que é próprio e do que não é próprio, a criança
vai construindo sua identidade com o apoio e limite do educador.*

14 • Bicho de estimação 69
*O bicho de estimação pode ajudar uma criança a expressar
sentimentos, compreender o que é respeito e responsabilidade.*

15 • Conversando sobre sexualidade 71
Questões sobre sexualidade na creche e pré-escola.

16 • Quando a creche é lugar de desenvolvimento de gente grande 76
*Relação entre o profissional da creche e o estudante
de psicologia é tensa, mas pode ser produtiva.*

17 • Todo mundo tem bagunça, só a bailarina que não tem 78
*Reflexões sobre a delicada relação creche-família a partir de queixas
costumeiras sobre as sacolas desarrumadas das crianças.*

18 • Família é coisa pra se guardar do lado esquerdo do peito 81
Educadores trabalham com as crianças a ideia de família.

• • •

19 • Conversas para aprender a conversar 85
Falar e pensar não se aprende sozinho, mas na interação com outros.

20 • Olha o que eles estão falando 88
Imaginar o que as crianças estão pensando traz novas descobertas aos educadores.

21 • "Roda, roda, roda, pé, pé, pé..." 90
Investir na conversa de roda é uma forma de lutar pela cidadania.

22 • As histórias de um contador 93
*Um contador de histórias educa, socializa, informa
e desperta a imaginação das crianças na creche.*

23 • Os contos que as caixas contam 95
Entender o mundo pode acontecer através de uma caixa de história.

24 • Rótulos, embalagens & cia 97
Ler rótulos ajuda na aprendizagem da escrita.

25 • "Vamos na biloteca?" 99
*Educadores de creche oferecem às crianças pequenas
atividades para que elas tomem gosto pelo livro.*

26 • Rito literário 100
Rito literário é um projeto de bibliotecas com pré-escolares.

27 • Poesia: a rima no trabalho com a linguagem 102
*Crianças pequenas em contato com a poesia aumentam
suas experiências afetivas e cognitivas.*

28 • Faz-de-conta, por quê? 104
*A linguagem do faz-de-conta, elemento básico do trabalho
psicopedagógico na educação infantil, é discutida.*

29 • O poder de um avental 107
   O educador aproveita o faz-de-conta e exercita com as crianças
   a construção da autonomia e o fortalecimento da identidade.

30 • Criança fazendo arte 110
   A arte é uma forma de a criança entrar em contato consigo e com o universo.

31 • A música na Creche 113
   Trabalho com música ajuda a criança pequena a desenvolver-se e socializar-se.

32 • Gerando problemas 115
   Educadores brincam com histórias e jogos para ensinar
   matemática às crianças de quatro a seis anos.

33 • Minhocoscópio 117
   Crianças de três anos observam minhocas: um estímulo para fazer ciência.

34 • A história do menino que engoliu um corpo estranho 119
   Educadores promovem atividades psicopedagógicas
   para prevenção de acidentes na creche.

35 • Linha de produção Arco-Íris 121
   Crianças da pré-escola compreendem ideias sobre higiene pessoal,
   química e vendas na criação de uma linha de produtos de beleza.

• • •

36 • Banho: que delícia! 125
   Num banho bem organizado pelo educador, a criança
   brinca, aprende e constrói bons hábitos.

37 • Bolhinhas de sabão... 126
   O banho das crianças nas creches.

38 • "Comer, comer... comer, comer... é o melhor para poder crescer" .. 129
   Dando mais autonomia para a criança comer,
   o adulto enfrentará menos resistência.

39 • Bem-vinda, Dona Maria Chicória 132
   Como despertar o interesse em crianças que
   apresentam um repertório alimentar restrito.

40 • Trabalhadores da limpeza e cozinha também são educadores 135
   Trabalhadores da limpeza e cozinha são educadores
   porque interagem com as crianças.

41 • Dona Escova e Comadre Alice 138
   A linguagem dramática auxilia a criança a incorporar hábitos de higiene.

42 • Controle de esfíncteres 141
   Creche e família juntas educam o controle do xixi
   e do cocô e a aquisição de hábitos de higiene.

43 • Nana, neném... ZZZZZZZ 145
  *O dormir e o acordar na creche é um processo que envolve
  uma série de rituais importantes para as crianças pequenas.*

• • •

44 • Um lugar gostoso para o bebê 149
  Educadores organizam o espaço de forma atraente para o desenvolvimento dos bebês.

45 • Um ambiente para explorar 151
  Numa creche, espaços e objetos devem oferecer novas experiências aos bebês.

46 • Estruturando a sala 152
  Interações na creche mudam dependendo da área espacial.

47 • Por que as crianças gostam de áreas fechadas? 154
  Espaços circunscritos reduzem as solicitações de atenção do adulto.

48 • O porquê da preocupação com o ambiente físico 156
  Planejamento do espaço favorece a aprendizagem e o desenvolvimento da criança.

49 • O canto que conta tanto: a organização de pequenos espaços 159
  *Educadores organizam o espaço externo com cantinhos
  estruturados que vão se transformando continuamente.*

50 • O canto caipira 161
  *Educadores e crianças de pré-escola organizam juntos o espaço
  externo da creche com um cantinho estruturado: o canto caipira.*

• • •

51 • Mordidas: agressividade ou aprendizagem? 165
  O primeiro contato da criança com o mundo é pela boca e morder faz parte disso.

52 • Sim e não na hora certa! 169
  Pais e educadores dando limite e ouvindo as crianças.

53 • Pensando a disciplina 174
  Trabalhar regras é mais importante do que ter uma classe quietinha.

  • A creche no seu dia-a-dia
  Algumas fotos podem sugerir boas ideias.

• • •

54 • Avaliação na Educação Infantil 179
  Como construir uma imagem positiva da creche ou pré-escola para a comunidade?

55 • As leis e as normativas da educação infantil brasileira 184

  • A vontade era contar tudo de uma vez, só que... 197

  • Sugestões de Leituras 199

O MISTÉRIO DA EDUCAÇÃO ACONSELHA:
LER ESTE LIVRO AOS POUQUINHOS
É LEGAL E TEM EFEITO.

O MISTÉRIO DA EDUCAÇÃO ADVERTE:
SEM CONVERSAS, ELE AJUDA POUCO.

1 • O fazer dos fazeres: história de uma parceria produtiva

M. Clotilde Rossetti-Ferreira
Ana Maria Mello

Este livro resultou de uma parceria antiga e produtiva, com uma história de quase trinta anos. Teve seu início em 1979, quando começou a tomar forma um antigo sonho dos funcionários, docentes e estudantes da USP de Ribeirão Preto, o de ter um atendimento de qualidade para suas crianças pequenas. Profissionais de várias unidades do Campus das áreas de saúde, psicologia e educação integraram-se em uma equipe para lutar por uma creche.

A luta foi árdua e durou mais de cinco anos. Em 1985 foi finalmente criada a Creche Carochinha, com verba da Coordenadoria de Saúde e Assistência Social (COSEAS-USP) e administração inicial da Associação dos Funcionários da USP (ARFUSP). Para sua montagem, foi solicitado o auxílio da equipe de docentes e pesquisadores sobre desenvolvimento e educação infantil (mais tarde denominada Cindedi), da Faculdade de Filosofia, Ciências e Letras, que já vinha participando ativamente da luta pela creche.

Procurou-se, então, montar uma proposta de educação de qualidade para a criança pequena. O desafio era grande, pois o projeto inicial foi o de atender à faixa de maior demanda: os bebês e crianças de até quatro anos de idade. Mais tarde, já em 1990, o atendimento ampliou-se para a faixa pré-escolar, incluindo as crianças de cinco e seis anos. Entretanto, no período inicial, sobretudo, dominava-se pouco o "saber como fazer" para educar coletivamente crianças tão novas, particularmente em tempo integral, isto é, numa frequência de até dez horas diárias.

O atendimento a crianças nos primeiros anos de vida, nas décadas de 1970 e 1980, torna os modelos higienista/familiar como os mais adequados a essa faixa etária. O ambiente do berçário de pediatria e o atendimento pela mãe, em casa, inspiravam assim os cuidados a serem administrados aos bebês na creche. Quando, ao assumir um grupo com várias crianças, a educadora centra sua atenção e cuidado em uma criança apenas, sem ter antes assegurado um ambiente estimulante e acolhedor para as demais, as consequências podem ser adversas. As crianças tendem a perturbá-la, requerendo sua atenção contínua e desordenadamente, naquele contágio emocional típico de bebês. Ou, então, permanecem por longos períodos em compasso de espera, sem nada para fazer, por vezes chorando ou tristemente passivas.

Assim, pesquisas e experiências diversificadas, além de múltiplas leituras e discussões, nos foram sugerindo novos caminhos a serem trilhados.

Ensinaram-nos, sobretudo, o papel central e ativo do professor ou educador na organização de um ambiente e de uma rotina capazes de incentivar as interações e brincadeiras entre as crianças e de dar apoio a suas iniciativas e atividades. Capazes, também, de transformá-los continuamente, de maneira a corresponder ao rápido desenvolvimento das crianças nessa etapa da vida e à sua atração pela novidade, adequando-se a suas novas necessidades e habilidades. Ficou claro para nós que o processo de construção do projeto educacional tem de ser contínuo, efetivando-se particularmente através da formação continuada de professores, educadores e técnicos, garantindo sua efetiva colaboração enquanto agentes centrais do processo.

A experiência cotidiana direta de cada um deles, com crianças com competências e necessidades diferentes conforme a faixa etária de seu grupo, lhes dava uma posição privilegiada para planejarem e organizarem rotinas, ambientes e atividades interessantes e variadas no decorrer dos dias.

Tendo uma formação teórica consistente, feita através de diversas programações, inclusive aulas e grupos de estudo, e tendo sua criatividade estimulada e sua produção supervisionada pelos técnicos, vários projetos interessantes foram desenvolvidos e apresentados em discussões coletivas. Surgiu então a ideia de fazer um jornalzinho, cujo nome foi escolhido por voto: o *Batata Quente*, com crônicas de educadores e técnicos da Carochinha a respeito de seus fazeres. Os desenhos do Marcelo Tomaz, que conviveu na creche por quatro anos como *office-boy*, desenvolvendo aí sua arte, tornaram as crônicas mais vivas e atraentes.

Em 1997, o *Batata Quente* completou cinco anos de produção, com um total de onze números e uma tiragem de 500 exemplares semestrais, distribuídos entre os funcionários e as famílias da creche, e enviados a várias outras creches e instituições envolvidas com a educação infantil. Ele passara também a fazer parte do trabalho de formação que a Carochinha e o Cindedi desenvolvem juntos: recebendo visitas de várias creches e pré-escolas, supervisionando estágios, elaborando vídeos e prestando assessorias diversas.

Outra pequena publicação foi criada em 1989, denominada *Série Carochinha*. Ela é formada por um conjunto de folhetos que tratam de questões específicas, tais como sexualidade, controle de esfíncteres, agressividade e limites, mordidas, adaptação, sono, alimentação e banho, as quais exigem especial consideração dos profissionais de educação infantil. Outra forma de comunicação também utilizada por nós com o objetivo de socializarmos nossas experiências foi a produção de vídeos educativos. Uma série inicialmente de seis vídeos foram realizados: *O Fazer do Bebê*, *Vida em Grupo na Creche Carochinha*, *Quando a Criança Começa a Frequentar a Creche*, *Creche e Letramento*, *Os Contos que as Caixas Contam* e *O Lobo que Virou Bolo*. Posteriormente, Cleido Vasconcelos reorganizou os vídeos antigos em um programa intitulado *No Canto na Tela*, e dirigiu mais quatro vídeos: *Fizeram Arte na Creche*, *Nanando na Creche*, *Adaptação na Educação Infantil* e *Um Ambiente para a Infância*.

O interesse dos profissionais da área nesse tipo de material foi o que nos estimulou a organizar este livro sobre os fazeres na educação infantil. O momento nos pareceu oportuno, devido à elaboração e publicação pelo MEC do Referencial Curricular Nacional para a Educação Infantil, de cuja produção participamos como assessores e pareceristas. Parece-nos muitas vezes difícil, para os profissionais envolvidos diretamente no trabalho com as crianças, apreender os conteúdos propostos nesse tipo de documento e saber como objetivá-los em sua prática. Pensamos, então, que as ideias e experiências dos educadores e técnicos da Carochinha e dos pesquisadores e profissionais do Cindedi poderiam lhes ser úteis.

Selecionamos, então, um conjunto variado de crônicas do *Batata Quente* e de textos da *Série Carochinha*, que pudesse sugerir um leque de reflexões e ações a serem desenvolvidas na prática. Os pesquisadores e profissionais do Cindedi, a partir de seus trabalhos de pesquisa, elaboraram também um conjunto de pequenos artigos, com o mesmo objetivo.

A organização desses artigos no livro visou otimizar seu uso em reuniões de formação de pessoal ou discussões de grupo sobre certos temas. Nossa expectativa é de que sejam lidos pouco a pouco, sem preocupação com a sequência, selecionando os textos de maior interesse para a formação naquele momento. Tendo esse objetivo em vista, decidimos não nos preocupar com algumas repetições de ideias que notamos no material. Como a diversidade dos textos era enorme, embora cada um pudesse dar boas sugestões independentemente do tema tratado, resolvemos agrupá-los, na medida do possível, em torno de temas gerais. Evidentemente faltaram muitos temas.

O livro inicia com um papo com diretores de instituições de educação infantil e uma reflexão sobre a formação dos educadores e sobre o desenvolvimento humano. O corpo do livro reúne textos originalmente escritos pelos educadores e técnicos da Carochinha e pelos pesquisadores do Cindedi. Os textos vão de relacionamentos, linguagens, práticas cotidianas, chegando à organização ambiental e estabelecimento de limites. Agora na 11ª edição segue um artigo sobre avaliação; e um novo artigo que discutirá a legislação construída durante as duas últimas décadas, elas impulsionam a educação infantil no Brasil. A conclusão conta sobre o processo vivido pelos autores durante a elaboração deste livro.

Alguns educadores descobriram o prazer de escrever sobre suas experiências de trabalho, aparecendo com maior frequência como autores. Outros descobriram em si habilidades diversas, como a de contar histórias, por exemplo. Dando espaço à individualidade e criatividade de cada um, foi possível enriquecer o projeto conjunto.

Como a autoria é extremamente variada, os organizadores editaram e revisaram todos os textos, procurando assegurar certa consistência teórica no linguajar mais simples que decidimos usar. Ana Maria Mello e Adriano Gosuen organizaram diferentes oficinas de escrita para o registro dos educadores, Ana e Rosa Pantoni organizaram e fizeram a revisão inicial dos artigos dos educadores. Marcelo Tomaz, ilustrador e publicitário, e Cleido Vasconcelos, pesquisador do Cindedi e artista plástico, elaboraram os desenhos com base nos textos, buscando uma integração dinâmica, um diálogo entre eles.

Esperamos que este conjunto de textos contribua para a formação dos inúmeros professores e educadores de instituições de educação infantil que estão preocupados em proporcionar um atendimento de qualidade à criança pequena. Queremos que o prazer que nos proporcionou este projeto coletivo os contagie e torne mais prazeroso seus fazeres com as crianças e com seus parceiros de trabalho.

2 • Um diálogo com os diretores de creches e pré-escolas

Ana Maria Mello

Enquanto eu conversava com uma mãe aflita, um funcionário me deu um recado sobre um dos fornecedores. Aproveitando, avisou que uma educadora iria faltar. Tocou o telefone. Me senti na obrigação de atendê-lo.

Parece que não consigo terminar nada. À noite, em casa, fico irritada quando falam perto de mim. Meu companheiro diz que ando esquecida. Trabalho, muitas vezes, onze horas por dia e sinto que não fiz nada. Me sinto incompetente. Outras vezes, fico eufórica de estar fazendo tanto.

Não é difícil imaginar esse profissional, não é mesmo? No Brasil, a maioria são mulheres: as diretoras das instituições infantis!

Nós, diretoras e diretores, trabalhamos com relatórios financeiros, pedidos de compras e consertos, controle de estoque, controle de presença de funcionários, organizamos escalas de trabalho, verificamos a manutenção, respondemos instrumentos e documentos oficiais (prefeituras, convênios, órgãos estaduais regulamentadores, conselhos de direitos), registramos pedidos de vagas. Sabemos essa função precisa de liderança! Todos nós já ouvimos que: *O Diretor é a alma da escola.* Enfim, é uma trabalheira.

Entre um telefonema e uma conversa com uma família, entre uma educadora e um fornecedor, o dia foi embora. É comum acontecer de, numa única tarde, realizarmos várias atividades diferentes. Em algumas creches, a diretora pode contar com um auxiliar de coordenação, enquanto outras não têm a colaboração de ninguém, ficando sobrecarregada.

Em meio a esse turbilhão de tarefas, sobra tempo para o trabalho técnico? Sobra tempo para supervisionar os educadores e o pessoal de apoio? Para organizar os projetos coletivos da instituição? Para recepcionar as famílias e promover a integração da instituição com a comunidade?

Não sobra. Será que essa rotina pode ser mais bem organizada? Ao longo desses anos de profissão, essa pergunta tem me sugerido a urgência da reflexão sobre nossa forma de dirigir uma instituição. Em minha prática, fui obrigada a refletir sobre como priorizar o projeto pedagógico, sem que o volume do meu trabalho tornasse impraticável a construção do mesmo.

Lembro-me de que parti de um princípio: caso não quisesse ter um trabalho frenético, emergencial e, portanto, pouco criativo, era preciso entender a história da comunidade, dos pais, dos funcionários e das crianças. Passei meus primeiros tempos na creche observando, mas anualmente elegia um foco de trabalho com cada grupo.

As famílias me ajudaram a conhecer as características do bairro, o tipo de moradia, a renda familiar, o tipo de bens, o número de filhos, o número de pessoas que frequentavam escola, que trabalhavam, o lazer preferido, a leitura, o programa de TV e de rádio, a religião, do que mais gostavam na creche, o que mudariam etc.

Nesse mesmo período investiguei como os funcionários organizavam seu dia, que tipo de material utilizavam, que tipo de recursos dispunham para organizar nossos espaços e tempos, como provocavam a participação um grupo de crianças, o que priorizavam e valorizavam.

Olhei também as crianças. O que faziam durante todo o dia? Do que gostavam de brincar? O que comiam? Como dormiam? Todos dormiam? Que recursos existiam? Como se organizavam?

Questões, questões, questões. Tive um bom material para trabalhar por muitos anos. Mas o que fazer com as necessidades administrativas? Poderia organizá-las de forma a sobrar mais tempo para os conteúdos de maior necessidade e, por que não, mais próximos de meu interesse?

Perguntando de outro modo: por que nos tornamos burocráticos, mesmo quando temos o desejo de trabalhar com aquilo que mais nos agrada?

Acredito que iniciamos o nosso trabalho com pouca informação sobre nossa função. Temos tido poucas supervisões. Em muitos casos, nenhuma assessoria sobre a organização da demanda de nosso trabalho. Acabamos, muitas vezes, atendendo pais todos os dias, atualizando a documentação oficial em qualquer dia da semana, observando crianças e funcionários ou as rotinas das instituições em qualquer horário.

Acabamos sem pensar em objetivos, encaminhamentos etc. Nos últimos anos muitos documentos orientadores foram organizados no Brasil (COEDI/MEC, Fundação Victor Civita, CEDAC) para que os diretores saibam mais sobre suas atividades e como distribuí-las durante toda semana. Mas não ainda tradição no Brasil de orientação e planejamento sistemático para essa função.

Despreparados, mal-orientados e sem tempo, não refletimos sobre as possibilidades de organizar os conteúdos do nosso fazer. Organização que acredito ser obrigação de cada diretor, se quisermos promover um ambiente bem-sucedido para as crianças e os adultos.

Esse episódio introdutório tem a intenção de compartilhar com os colegas esses dilemas. Tem também a intenção de apresentar, de forma breve, as áreas de atuação que organizamos para facilitar nosso cotidiano técnico/administrativo.

São cinco as áreas de atuação que a equipe técnica da Creche Carochinha organizou desde 1985 para facilitar a coordenação dessas tarefas. Ao rever esse artigo noto que as áreas permaneceram embora os conteúdos e estratégias fossem ampliados.

Optei nessa revisão em manter a estrutura para que os colegas diretores possam identificar a história, reconhecendo ainda conquistas importantes desse período como: a educação infantil brasileira organizada em órgãos de educação, a regulamentação das creches e pré-escolas exigindo instrumentos e planejamentos que sistematiza a prática dos diretores, a exigência da formação em pedagogia, enfim manter a casa em ordem, buscando qualidade continuada, buscando contemplar todas as áreas de atuação segundo toda a legislação construída nas duas últimas décadas. É por isso que o diretor precisa ser um líder-educacional.

Vejamos as áreas a seguir:

Administração

Felizmente nossa sociedade, hoje, está mais desperta para os seus direitos. Com isso, têm-se ampliado as exigências legítimas no que se refere a uma administração pública eficiente.

A cada ano temos tentado ser mais ágeis na administração tanto dos recursos financeiros como humanos. Administração ágil significa, para nós, dinheiro bem empregado; responsabilidade com a defesa da concepção da creche; comunicação e defesa dos direitos e deveres funcionais. Assim, é necessário pensar em custos, ao se considerar qualquer possibilidade de projeto. Para que um projeto seja implantado, faz-se necessário levar em conta as possibilidades de custos, normas e princípios das instituições infantis. Assim como utilizamos os recursos humanos, materiais e espaços existentes na instituição. Para alguns projetos, é necessário prever equipamentos, reformas, materiais pedagógicos ou formação para os funcionários.

Buscar recursos deve fazer parte da política administrativa dos equipamentos de educação infantil. O diretor-líder sabe fazer alianças; devemos ser capazes de articular os diferentes setores em torno da creche e da pré-escola. Provocar os pais a participação, mapear as soluções sociais e culturais na comunidade, recorrer aos rádios e jornais locais para divulgar os eventos e os êxitos da unidade, enfim construir uma imagem pública positiva promotora de respeito ao trabalho desenvolvido na creche e pré-escola.

Aprender e se desenvolver

Para definir essa área, foi necessária uma reflexão a respeito do que é o trabalho do psicólogo, pedagogo, auxiliares de enfermagem e/ou nutrição na creche. Todos esses técnicos, escolheram como cenário de trabalho a instituição educacional: o espaço do aprender. Todos escolheram como objeto de trabalho a criança: o sujeito que aprende. Assim, aprender e se desenvolver é área qualificada para a organização do cuidado e a educação de crianças em instituição.

Para uma ação efetiva, o projeto educacional deve considerar o conjunto de fatores que interagem na creche e/ou pré-escola: o número de funcionários, o processo de seleção e treinamento deles, as funções que exercerão as condições de trabalho oferecidas. Também deve considerar as concepções dos funcionários e das famílias sobre a instituição, as condições do espaço físico, a razão adulto-criança, os recursos financeiros, os critérios de seleção das crianças.

Garantindo esses aspectos devemos partir para a construção do projeto pedagógico coletivo. Para isso é necessário que o diretor faça um "contrato pedagógico" com cada funcionário. Nesse contrato apresentamos os princípios de cuidado e educação, de organização dos espaços e objetos, das linguagens e os temas que a instituição deve desenvolver para cada faixa etária.

Práticas e equilíbrio ambientais

A saúde não é a ausência de doença. Segundo a Organização Mundial da Saúde, a saúde é o estado de completo bem-estar físico, mental e social. A creche e a pré-escola são facilitadoras do processo de saúde da criança. Consequentemente, a instituição deve cuidar da saúde respeitando o bem-estar físico, mental e social da criança. O respeito a esse bem-estar envolve a questão dos direitos e deveres das crianças. A instituição precisa preocupar-se, assim, em fazer valer os direitos e promover o exercício dos deveres das crianças.

Dentre os direitos e deveres está a educação. Cuidar também é educar. Além de estarmos trabalhando com os direitos e deveres da criança, ao cuidar dela estamos exercendo uma prática educativa. A partir deste enfoque, é pertinente considerar todas as áreas que envolvem as práticas do cuidado infantil para que elas sejam integradas ao objetivo educativo. Muitas vezes, quando não conseguimos trabalhar cuidado e educação de forma integrada, acabamos reduzindo e negligenciando as áreas de cuidado como áreas secundárias dentro de nossa estrutura.

A organização do ambiente considerando dimensões como: espaço/objetos, tempo, funcionalidade e interações; determinam o tipo de cuidado e educação oferecidos às crianças.

Formação continuada

Treinar ou formar? Isso não nos parece apenas uma troca de palavras. Há diferenças fundamentais entre esses dois processos.

Nos treinamentos, propõe-se aos educadores serem meros executores das propostas. Desconsidera-se sua identidade, seus conhecimentos prévios e a importância de seu papel junto às crianças. O trabalho de formação, por sua vez, é mais amplo que um treino. As teorias são apreendidas a partir da discussão das práticas, por meio de reflexões, questionamentos e debates. O educador, o professor é uma pessoa ativa neste processo.

Em nosso dia-a-dia, ficou clara a necessidade de o educador expressar suas emoções e relacioná-las com o conhecimento trabalhado. Os desejos, a experiência e a história da vida de cada educador estão relacionados com a forma de tomar para si, de se apropriar dos conceitos e de construir um saber sobre sua profissão.

A formação continuada deve considerar o educador como um ser total. Sua identidade profissional está associada à identidade pessoal. São partes da mesma coisa. O diretor pode liderar a organização dos encontros e grupos de estudos, a organização de focos de formação continuado. O diretor deve sempre provocar passos adiante, deve sempre *apostar* na avaliação continuada envolvendo as crianças, seus pais e seus educadores.

Relação instituição infantil e família

A relação entre a instituição infantil e a família sempre foi pontuada por conflitos. Para evitá-los, muitas vezes, as creches optam por fechar a instituição. Os pais entregam os filhos no portão. Essa atitude impede que uma troca maior se faça entre família e creche. Entretanto, essa troca é importante para o bom desenvolvimento da creche, da família e da criança.

Para pais e profissionais, é um exercício de aceitação das diferenças. Os pais aprendem a exercer seu direito de participar do atendimento dado aos filhos, ao mesmo tempo em que aprendem a compreender o ponto de vista dos profissionais da educação infantil. Por outro lado, os profissionais aprendem seu direito de se fazerem ouvidos pelos pais, mas também aprendem seu dever de respeitar a cultura e o saber das famílias. Essa aprendizagem é importante para o amadurecimento dos sujeitos envolvidos e, consequentemente, das relações entre eles. Seja em casa, seja na creche, a criança é a mesma. É fácil imaginar, então, que, havendo maior harmonia nas relações entre creche e família, melhor será para a criança.

Sem dúvida, o processo precisa ser realizado com cuidado e orientação, e a tarefa do diretor é mediar esse processo. Os conflitos irão surgir, e buscar soluções para esses problemas é tarefa do diretor. Lembrem os interesses das crianças e de suas famílias muitas vezes manifestam de forma oposta à dos educadores.

Para tanto devemos melhorar os canais de comunicação na comunidade creche-família; dar visibilidade e viabilizar a participação dos pais no projeto pedagógico e acolher a diversidade que caracteriza as estruturas familiares atuais. Essas tarefas foram preconizadas por Leis como o ECA (1990) e a LDB (1996). No caso do Estatuto da Criança são 18 anos de debate, rejeição e aceitação. A maioridade do Estatuto, a meu ver, dependerá em grande parte da atuação dos diretores das creches e das pré-escolas.

• • •

Essa estrutura, organizada segundo áreas de atuação das instituições, tem me ajudado a organizar minhas reflexões. Isso me possibilita uma prática para o coletivo, podendo delegar mais, como também disciplinar mais o meu fazer. Também me permite identificar meus dilemas, impedindo ou diminuindo as ações emergenciais que surgem no cotidiano do meu fazer. Acredito, ainda, que um diretor deve promover um ambiente saudável para si, as crianças, as famílias e os funcionários, nas creches e/ou nas pré-escolas.

3 • A formação nossa de cada dia

Rosa V. Pantoni
Regina Teles
Ana Maria Mello
M. Clotilde Rossetti-Ferreira

A nova Lei de Diretrizes e Bases reconhece que a educação começa nos primeiros anos de vida e estipula que a formação de professores para atuar na educação básica deve ser em nível superior. O *Referencial Pedagógico-Curricular para a Formação de Professores da Educação Infantil e Séries Iniciais do Ensino Fundamental* do MEC, em sua versão preliminar, diz que a formação desse professor deve estar relacionada ao saber, ao saber fazer e ao saber explicar o fazer.

Apesar do avanço das discussões que os documentos refletem e dos esforços dos profissionais da educação infantil, ainda são muitos os desafios para melhorar e garantir, na prática, a qualidade da educação infantil; sobretudo quanto à formação contínua do educador, agente básico dessas transformações, já que muitas instituições ainda não apresentam as condições para que ela possa ocorrer.

É preciso pensar no retorno dos educadores para a escola por meio de programas supletivos especiais. É preciso, também, formar o educador em serviço através das observações, discussões e reflexões sobre suas ações cotidianas no interior da creche ou pré-escola. Assim estaremos atendendo ao Referencial Pedagógico-Curricular, que reconhece a necessidade desse apoio ao educador. Estaremos, sobretudo, atendendo à necessidade de conquistar qualidade nas ações educativas, para propiciar o melhor desenvolvimento possível às crianças.

Treinar ou formar?

A formação continuada deve considerar o educador como um ser total. Sua identidade profissional está associada à identidade pessoal. São partes da mesma coisa. É importante, então, prestar atenção às concepções, crenças, valores e projetos de vida desse profissional. Muitas delas não aparecem claramente durante o processo de formação. Porém, refletem-se na atuação desse profissional, influenciando a qualidade geral de seu trabalho.

O que pensa ele a respeito da sociedade, da função social da creche, da escola e da educação? Quais são suas ideias a respeito do que seja um bom ou mau professor, um bom ou mau aluno? Não basta apenas obter conhecimentos e técnicas, dominar conteúdos e metodologias de ensino. É necessário que ele construa uma visão ética e política da sua prática profissional.

Refletindo sobre a prática

Quando uma cozinheira está apressada, vai fazendo vários pratos ao mesmo tempo, sem prestar muita atenção. Uma pitada aqui, um pouco ali. Experiente, acaba conseguindo um bom resultado. Mas se for preciso contar a alguém como fez, não saberá ao certo. Não saberá dizer.

Muitas vezes, as educadoras são como essas cozinheiras. Por causa da complexidade e do dinamismo das ações educativas, o educador é levado a tomar inúmeras decisões rapidamente. Acaba, com sua experiência, sabendo fazer, mas não sabendo explicar o que faz.

Isso deixa claro que não está conseguindo entender por que faz, para que faz. Nessa situação, as ações desenvolvidas junto às crianças, mesmo quando consideradas de boa qualidade, mostram-se mais intuitivas do que reflexivas, revelando assim uma dificuldade de articulação entre teoria e prática.

Para ampliar seus conhecimentos, é fundamental que o educador realize sistematicamente uma reflexão sobre suas ações, de preferência antes e depois delas, através de planejamento e avaliação. É preciso que procure entender por que uma criança se comportou de uma determinada forma diante de uma situação qualquer.

É preciso que ele tome sua prática como objeto para reflexão. Assim, o educador torna-se peça fundamental da construção de seu conhecimento, do conhecimento das crianças, da proposta pedagógica da instituição, de sua identidade profissional e da qualidade do serviço prestado à comunidade como um todo.

Trabalhando a formação

É necessário pensar de que maneira a formação em serviço pode produzir condições para que os educadores orientem suas ações pelos princípios de promoção do desenvolvimento, de democracia, de justiça social e de valorização da heterogeneidade, de respeito às diferenças.

Um caminho que traz bons frutos é o de refletir com esses educadores a respeito da própria trajetória profissional. É entender como cada um chegou a ser educador, como é estar sendo educador e de que forma esse percurso influencia suas ações. Essa estratégia provoca situações em que os valores, as crenças e as concepções de mundo podem ser percebidas e discutidas.

Busca-se, dessa forma, organizar oportunidades para que novas significações possam surgir através de uma nova visão de criança ou de infância, dos novos recursos tecnológicos e dos conhecimentos atuais de diferentes áreas, como Psicologia, Saúde, Nutrição, Antropologia e outras. Abrem-se, assim, espaços para que novos valores, transformações e desenvolvimentos sejam possíveis.

O educador, mesmo já sendo adulto, também é um ser em desenvolvimento. E tem características e ritmos individuais na construção de conhecimentos e na construção de sua identidade como educador. É preciso respeitar a heterogeneidade do grupo. Se concordarmos com isso, não poderemos aceitar somente a ideia de cursos de reciclagem em massa ou de treinamento puro e simples como proposta de formação. Tentação fácil diante da nossa angústia de formar o maior número de pessoas, no menor espaço de tempo. A formação real é demorada. Merece um trabalho de longo prazo. Em função do dinamismo desse processo, fica claro que a formação básica tradicional não é suficiente.

A construção da proposta pedagógica como parte da formação

É enganosa a ideia de que existe uma proposta psicopedagógica completamente pronta e organizada a ser executada pelo educador. A proposta psicopedagógica é algo que muda conforme as possibilidades da instituição, o momento histórico, a população atendida e a dinâmica das relações que ali ocorrem. Ela acontece através de *planejamento — ação — avaliação — replanejamento*.

Nesse processo estão envolvidos os educadores e demais funcionários da instituição, que também não deixam de ser educadores de apoio. Eles são capazes de refletir e criar a partir de seu trabalho. E para possibilitar a melhoria da qualidade do atendimento, é necessário que cada um dos educadores reflita e crie um saber sobre seu trabalho e tome posse de um saber que é seu e também de seu grupo, do coletivo. Ele deve ser ativo em sua própria formação, construindo, em conjunto, a proposta pedagógica. Para isso, é preciso garantir um tempo disponível na rotina dos educadores e demais funcionários para planejamento, registros e reflexões. Como prevê, agora, a LDB.

Quem é o formador?

O formador, seja o técnico ou o coordenador, precisa enxergar nos educadores pessoas que aprendem mas que também ensinam. Ele deve se colocar como parceiro mais experiente. É papel do formador:

- identificar as diferentes necessidades de cada educador;

- criar situações-problema que permitam novas formas de dar sentido à sua prática;
- incentivá-lo a registrar suas reflexões;
- ajudá-lo a se comprometer com sua profissionalização.

Cada instituição precisa pensar em como organizar, de forma contextualizada, situações que possibilitem aos educadores refletirem sobre suas ações. Dentro de uma proposta que garanta a articulação entre teoria e prática, a formação continuada ou em serviço precisa promover oportunidades para que os educadores avaliem e reavaliem sua atuação junto às crianças, suas posturas perante a construção--reconstrução da proposta pedagógica e sua atuação como cidadão--profissional.

Entendemos que os documentos que vêm sendo elaborados pelo MEC podem ser um bom ponto de partida. Alguns deles são: *Propostas Pedagógicas e Currículo em Educação Infantil* (1996), *Critérios para Atendimento em Creches que Respeite os Direitos Fundamentais das Crianças* (1995), *Referencial Pedagógico-Curricular para a Formação de Professores da Educação Infantil e Séries Iniciais do Ensino Fundamental* (versão preliminar, 1997) e *Referencial Curricular Nacional para a Educação Infantil* (versão preliminar, 1998).

A formação continuada realizada na instituição não precisa, nem deve, ser a única. Outros tipos também são bem-vindos. Entre eles: a formação à distância, o acompanhamento de redes de creches e pré-escolas, ou então cursos para grupos de educadores ou mesmo incentivos ao aprimoramento individual. O que precisa ficar claro é que, sem a oportunidade de reflexão contextualizada, essas outras formações não melhoram a qualidade das ações educativas.

Uma experiência vivida

A Creche Carochinha realiza um programa de formação continuada. Uma das atividades é a construção coletiva da proposta pedagógica.

Em 1993, a equipe técnica escreveu um Programa Psicopedagógico[1], contendo alguns princípios do trabalho. Definiu-se uma visão de creche como instituição de cuidado e educação, que trabalha junto às crianças em parceria com as famílias. Outro princípio foi a concepção de desenvolvimento coletivo da criança pequena como construção social que se dá nas e através das interações que se estabelecem entre as pessoas e com o meio físico. No ano seguinte, a sistematização das práticas pedagógicas permitiu a elaboração de um novo documento: Diretrizes para o Planejamento dos Educadores,

---

1. Como podemos conferir no Capítulo 55 – As Leis e as Normativas da Educação Infantil Brasileira, também a nomenclatura foi alterada. Hoje chamamos de Projeto Pedagógico ou Projeto Político-Pedagógico. Também a Creche Carochinha, entre 2001 a 2004, foi regulamentada. Exigindo formação prévia, no mínimo, magistério. Isso indicou que onze professores que só possuíam colegial voltaram para salas de aulas. Tivemos mais uma oportunidade de rever nossas práticas e estudar a nova ordem para a infância.

cuja finalidade era auxiliar o planejamento, especificando possíveis conteúdos, recursos e estratégias a serem usados. Esse documento foi bastante discutido por educadores e técnicos, resultando em uma nova versão. Desde essa época, os momentos destinados à formação dos educadores acontecem da seguinte maneira:

- *Reuniões para planejamento de metas*

São discutidos os objetivos mais amplos do trabalho com as crianças, procurando-se subdividir a programação em etapas para atingir esses objetivos.

- *Reuniões para planejamento semanal*

As atividades são planejadas para cada turma de crianças, levando em conta todos os momentos da rotina, procurando integrar os cuidados e a educação.

- *Supervisões*

Um técnico da creche faz observações regulares em cada grupo de crianças, discutindo depois algumas questões relacionadas às atividades realizadas, às ações dos educadores, aos comportamentos das crianças etc.

- *Grupos de estudo*

Um certo número de reuniões é organizado com a finalidade de tratar de temas específicos, com apoio em leitura de textos, vídeos e outros recursos audiovisuais.

- *Treinamentos bimestrais (1 dia) e semestrais (3 a 5 dias)*

Nesses dias, a creche não atende as crianças, pois toda a equipe participa. São abordados temas importantes para o trabalho de todos e para a integração da equipe. Por exemplo, saúde, higiene coletiva, a função de cada trabalhador, relação com as famílias etc.

Os objetivos das reuniões, treinamentos, grupos e supervisões se inter-relacionam em seus conteúdos. As duas reuniões de planejamento são os momentos mais adequados para definir o que oferecer às crianças, em quais espaços, com que materiais. As supervisões têm por objetivo verificar se o planejamento está se realizando e acompanhar as dificuldades e facilidades da execução. Já nos grupos de estudo, é possível trabalhar de forma mais aprofundada aspectos teóricos, e os treinamentos constituem oportunidades para trabalhar a coletividade, abordar relações interpessoais, introduzir novos projetos e realizar passeios didáticos a museus e exposições ou realizar oficinas de pintura, escultura, música, literatura.

A forma de organização foi sofrendo algumas mudanças, resultado das avaliações sobre o processo de formação feitas anualmente pelos educadores e técnicos. Assim, em alguns momentos, temos mais grupos de estudo, enquanto, em outros momentos, as supervisões ou reuniões de planejamento é que têm maior importância. Nos treinamentos bimestrais foram introduzidos os relatos de experiências. Nessas

ONDE ESTÁ O BATATA?

oportunidades, duplas de educadores expõem para os colegas um projeto ou alguma experiência vivida com os grupos de crianças.

Escrevendo o "Batata Quente"

Uma questão importante para os educadores é o registro escrito de suas observações e ações. A nossa experiência nos mostrou que a maioria fala sobre sua prática com facilidade. Porém, quando solicitados a escrever esses mesmos relatos, os educadores muitas vezes sentem-se incapazes. Buscando soluções, pensamos na produção de um jornalzinho. Surgiu, então, o *Batata Quente*, em 1993. Nele, os educadores podem escrever sobre seu dia-a-dia, as aflições, as alegrias; enfim, se expressar.

Assim como a organização da formação, o processo de escrita do Batata, bem como sua formatação, sofreram algumas modificações ao longo desses anos.

Atualmente, sua elaboração acontece assim: duplas de educadores definem com o supervisor um assunto a ser apresentado. Em geral, espera-se uma pequena reflexão apoiada nas teorias que orientam nossa proposta. Depois, uma apresentação é feita para todos os funcionários, seguida de uma discussão. Nesse momento, aparecem questões e reflexões diferentes daquelas que haviam surgido nas reuniões de duplas. Após essa apresentação, as duplas escrevem um pequeno texto para o jornal. Essa experiência tem contribuído muito para que os educadores registrem suas ações e organizem seus discursos de modo a serem compreendidos pelos colegas. A experiência também tem mostrado a eles as dificuldades de organização do discurso oral e escrito.

O resultado foi a melhoria na qualidade das discussões sobre a prática psicopedagógica. Aumentaram também as ações e reflexões sobre a prática profissional. Alguns artigos deste livro são textos que vieram do *Batata Quente*, sofrendo adaptações para estar aqui.

4 • Virar gente: reflexões sobre o desenvolvimento humano

M. Clotilde Rossetti-Ferreira

Ser único dentre as várias espécies animais, o animal humano distingue-se, dentre outras coisas, por ser capaz de usar e criar instrumentos que lhe permitem transformar e mesmo destruir a natureza. Ser simbólico, é capaz de se perceber como um outro, de refletir, de falar com seus botões, de rir de si próprio. A capacidade de linguagem e raciocínio transforma suas relações com o mundo e com os outros homens. Enquanto ser histórico, é capaz de criar história, de perceber passado, presente e futuro, de ter planos e projetos.

O que fez e faz do ser humano esse animal especial dentre outras espécies animais? O que o diferencia dos demais primatas? O que caracteriza o virar gente, o tornar-se pessoa?

As respostas às perguntas acima variam conforme é analisado o desenvolvimento humano. Há os que atribuem as características tipicamente humanas a nossa herança genética; e o seu desenvolvimento a um processo de maturação. Outros, sem negar essa herança genética, propõem que nos tornamos pessoas através de outras pessoas. Para estes, dentre os quais nos incluímos, o desenvolvimento se dá nas e através das interações estabelecidas com outros seres humanos, em ambientes físicos e sociais, culturalmente estruturados.

Para explicitar essa visão, analisaremos um evento curioso, objeto de noticiários e crônicas recentes: a experiência com clonagem de ovelhas. Seria possível, através de clonagem, criar réplicas de uma pessoa humana?

Com relação à ovelha clonada em 1996, parece não haver grandes dúvidas de que, sendo a base genética idêntica, Dolly se tornou uma réplica da matriz. Nessa espécie, há um certo consenso de que as características do animal são basicamente definidas por sua carga genética. Estudos mais cuidadosos sobre as características individuais de Dolly, cujo desenvolvimento é foco da atenção de cientistas e da imprensa em geral, poderão entretanto evidenciar diferenças interessantes, devidas às condições ambientais físicas e/ou sociais diversas em que vai se dar seu desenvolvimento. Diferenças na alimentação, nas formas de confinamento, nas oportunidades de exploração, experiências e convívio com outros animais ou com pessoas etc. A maioria das características físicas serão idênticas às da ovelha matriz, porém a maneira de se relacionar, de se comportar dessa ovelha, será provavelmente bem diversa, como resultado desse contexto diferenciado de desenvolvimento. Contudo, na criação de ovelhas, aliás uma prática própria e exclusiva do animal humano, os parâmetros que mais interessam são os físicos: peso, pelo, capacidade reprodutiva, tornando-se assim indicadores mais relevantes do processo de clonagem.

A clonagem de um ser humano cria questões bem diversas. Deixando de lado o debate ético, aliás extremamente importante, procuraremos analisar o processo de tornar-se uma pessoa humana, cujas características específicas e únicas diferenciam o homem das demais espécies animais, mesmo primatas.

Todo recém-nascido humano é imaturo e incompleto, sobretudo do ponto de vista motor, o que o torna extremamente dependente de outro ser humano. Seu acesso ao mundo e sua sobrevivência dependem da mediação de outros membros mais competentes da espécie. Por outro lado, nasce com uma organização comportamental e uma rica expressividade, que favorecem seu contato emocional e seu diálogo com outras pessoas humanas. Esses parceiros inserem o bebê em um mundo organizado conforme as representações e expectativas que têm sobre aquela criança, sobre seu desenvolvimento e sobre seu próprio papel com relação a ela, representações essas adquiridas em suas experiências de vida em um meio sócio-histórico específico.

Não apenas o bebê, mas também seus parceiros estão envolvidos e são constituídos nesse jogo de significações, definido fundamentalmente pelo papel, posição ou perspectiva assumida ou atribuída a cada sujeito nas ações e interações que ocorrem em um determinado contexto. Portanto, a cada momento e em cada situação, o sujeito humano está imerso em uma rede de significações constituída por um conjunto de fatores físicos, sociais, ideológicos e simbólicos próprios daquela cultura e grupo social.

Em nossos estudos sobre a inserção de bebês em creches, por exemplo, temos observado que, ao levar seu bebê pela primeira vez à creche, a mãe é invadida/capturada por toda uma rede de significações construída no passado e evocada por elementos presentes, sejam eles internos, pessoais, ou externos, físicos ou sociais: seu próprio estado físico, suas representações, emoções, gestos, o novo contexto com salas, objetos, pessoas adultas e crianças novas, a aparência, atitude ou fala da educadora, a saúde, o choro ou sorriso do filho. Essa rede complexa estrutura de determinada forma o fluxo de comportamentos da mãe, ao mesmo tempo em que a faz recortar e interpretar de certa maneira o contexto e as ações e interações dos outros, inclusive do(a) próprio(a) filho(a).

Conforme o momento, o contexto e as pessoas presentes, certo conjunto de fatores adquire maior relevo no surgimento de novos significados. Assim, uma boa organização do berçário, em termos de espaço, objetos, rotinas, favorecendo as ações e interações dos adultos e crianças, em um ambiente afetivo e acolhedor, evoca na mãe uma sensação boa, e possivelmente traz à tona boas percepções com respeito a deixar seu filho na creche. Também quando coloca seu filho no chão e o vê olhar interessadamente para um bebê ao lado, esticando a mãozinha em sua direção, sorrindo-lhe e vocalizando, a mãe pode sentir-se capturada por uma emoção positiva, que a faz mais alerta para elementos positivos da creche. Mas se já saiu de casa em conflito, ouvindo o discurso de sua própria mãe (avó da criança) dizendo-lhe que "mãe que é mãe não deixa seu filho em creche" e, ao chegar para buscá-lo na creche, encontra o bebê chorando, destacam-se alguns elementos mais negativos de sua rede de significações. Estes podem ser modificados através de uma conversa com a educadora, de um gesto de apoio do marido, ou ainda agravados pela crítica da sogra ou do pediatra.

Nesse processo, portanto, vão sendo construídos os conhecimentos, a linguagem e a própria individualidade dos vários parceiros em interação. Mesmo a constituição física de um sujeito, definida a partir da carga genética que herdou, é transformada e atualizada pelas significações que o sujeito e seus parceiros lhe atribuem. Significações fundamentadas, por sua vez, nas concepções próprias dessa cultura. Essas vivências e significações vão influenciar como e com que o sujeito se alimenta, veste, se arruma, faz exercícios, adota posturas e atitudes, modificando completamente sua aparência física. Em decorrência, eventuais clones de atrizes sairiam bem diferentes da matriz...

Em várias espécies animais, a sobrevivência da espécie e do indivíduo dependem, basicamente, do grupo social básico ao qual pertencem. Entre os primatas não humanos, geralmente estabelecem-se relações sociais hierarquizadas, onde cada membro tem posições e papéis definidos. Modificações na hierarquia acontecem devido a mudanças ocorridas no grupo e/ou no contexto, usualmente através de enfrentamentos e competições entre os membros por posições de domínio. A estrutura e as relações sociais do grupo e da espécie desenvolvem-se, em geral, em função das condições de sobrevivência que têm de enfrentar. O que se pode falar também dos grupos humanos, como magistralmente o fez Antonio Candido no livro *Os Parceiros do Rio Bonito*, apontando a interdependência entre as relações sociais do grupo e suas condições de vida e produção na região em que viviam, e as transformações daí decorrentes.

Seria então o social e a sociabilidade humana da mesma ordem daquela que se observa em outras espécies animais, respeitadas, é claro, as diferenças próprias de cada espécie? Nossa resposta é que a sociabilidade humana, a despeito das inúmeras semelhanças, não pode ser reduzida à observada em animais. Mas, então, que ordem de fatores é responsável por essa diferença?

A capacidade simbólica, fruto da evolução da espécie humana! Essa capacidade provocou uma ruptura, submetendo as pessoas a uma outra ordem de fatores, que transforma a natureza e o orgânico, embora estes mantenham sua influência, por vezes até dominante, sobre os seres humanos. O simbólico, em suas diversificadas formas, fragmenta a apreensão direta (sensório-motora, perceptual) dos objetos do mundo, ao interceptar e mediar as relações da pessoa com as outras e com o mundo, pondo os sentidos à deriva. Um pedaço de pau pode tornar-se uma boneca ou uma espingarda; um aro de metal pode simbolizar uma relação com o outro, um contrato de casamento; um rabisco no papel pode conter uma mensagem extremamente importante. O próprio sujeito pode desdobrar-se em vários outros, fato observado corriqueiramente no jogo de papéis de crianças de 3-4 anos e atingindo níveis incríveis em casos como o do poeta Fernando Pessoa, com seus vários heterônimos!

Uma leitura mais superficial de autores como Vygotsky tem reduzido a compreensão da linguagem e do signo apenas enquanto instrumentos extremamente úteis ao homem que, ao abrir-lhe inúmeras e diversas possibilidades de significação, o tornam senhor e criador do mundo. Omite-se, assim, o outro lado da moeda, o qual aponta para o domínio que o simbólico e a linguagem exercem sobre o homem, tornando-o escravo das significações que o capturam e impregnam, das quais não consegue fugir. Essas redes de significações o obrigam a recortar o mundo, os outros e a si próprio de formas determinadas pelas suas próprias experiências nessa cultura, com relação às quais, muitas vezes, ele não tem acesso ou controle, pois permanecem em grande parte inconscientes, como propõe a psicanálise.

Em resumo, propomos que o virar gente, tornar-se uma pessoa humana, é marcado pela imersão permanente do homem em um mundo simbólico e em um processo social contínuo e compulsivo de dar e criar sentidos. Nas interações com os outros e com o mundo, em um determinado momento e contexto sócio-histórico, o homem/a mulher constrói seus significados, suas relações e a si próprio(a) enquanto sujeito. Suas relações e seu acesso ao mundo são, pois, interceptados pelo outro da linguagem, imersos que estão em sua rede de significações. É a partir dessa rede que os captura, que os outros interpretam a criança desde antes do nascimento, atribuem-lhe determinados papéis, tem para com ela determinadas expectativas, constroem para ela determinados contextos de desenvolvimento. Dessa maneira a constituem para o mundo, assim como constituem o mundo para ela. Essa criança, e mais tarde este adulto, inserido nos mais diferentes ambientes, através da interação com parceiros diversos, vai ter o mundo à sua volta organizado por regras e códigos simbólicos, diretamente ligados a um determinado momento e contexto sócio-histórico e aos recursos de que dispõe. Torna-se assim uma pessoa que reflete a época histórica e o grupo social em que vive e, nesse processo, constrói também suas características individuais e únicas.

BATATA QUENTE

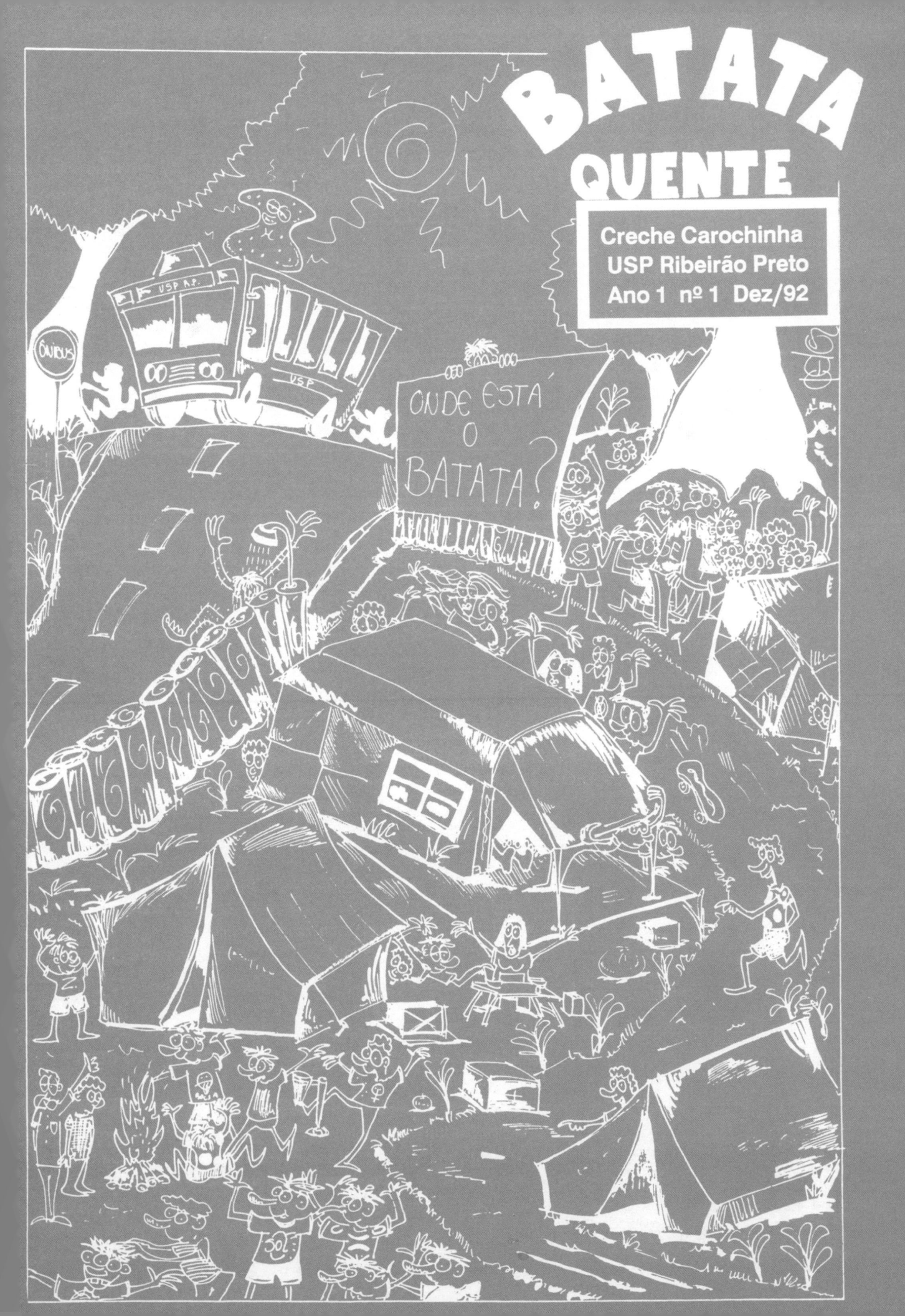

**Creche Carochinha
USP Ribeirão Preto
Ano 1 nº 1 Dez/92**

ONDE ESTÁ O BATATA?

BATATA QUENTE (primeira edição):
Creche Carochinha
USP Ribeirão Preto
Ano I nº I Dezembro/1992

5 • Pais e educadores: a fome de conhecimento um do outro

Na relação entre pais e educadores deve existir espaço para expressar sentimentos, facilitando a adaptação na creche.

Ana Cecília Chaguri

A cozinha é um espaço de grandes transformações. Nela, encontramos a mágica de juntar alimentos, descobrindo um novo, com sabor diferente, mas com a essência dos primeiros. Talvez por isso a gente só convide para a cozinha pessoas mais íntimas. Aquelas que, ao partilharem das nossas transformações, não vão reparar na louça suja. Aquelas que, entre palavras, pegam uma faca e se põem a descascar cebola e a chorar conosco. Aquelas que experimentam o molho, dizem o que falta, mas concluem com um elogio; que fazem a gente gostar de cozinhar cada vez mais. Na cozinha, as pessoas compartilham a fome e o prazer de comer, o que as torna mais companheiras.

Esse espaço de transformação pode ser comparado à creche. Chega, então, um momento em que pais e educadores têm fome de conhecimento um do outro. Algumas creches, com receio do que os pais vão achar da louça suja (ou seja, das coisas que ainda têm que ser arrumadas na creche), não permitem que eles entrem: os filhos são entregues no portão. Há creches que lidam de outra forma com essa fome. Elas abrem a porta da cozinha para pais e educadores. Correm mais riscos, porque cada um cozinha de um jeito. Precisam ter cuidado para não fazer desse espaço um palco para fofocas e julgamentos. Devem procurar aceitar o jeito do outro, enquanto o conhece e o valoriza. É aí que está a magia — na troca de receitas — quando profissionais e pais se abrem em busca de uma educação mais plena para as crianças.

Ao trocar receitas, observa-se que os pais são percebidos e percebem-se com sentimentos e pensamentos ambíguos sobre a creche. Eles são frequentemente criticados por parentes, amigos e até por alguns profissionais da área da saúde. O conflito é tal que, mesmo quando optam por creches de boa qualidade, muitas vezes estes pais se recriminam. Essas percepções podem ser diferentes nas diversas famílias, de acordo com a cultura, o meio social, o nível de escolaridade, história pessoal e desejos que cada um dos pais tem em relação a seus filhos.

Os pais preocupam-se com o ambiente da creche, sua pedagogia, qualidade da alimentação, higiene, saúde e formação dos profissionais. Mas há também outras preocupações. Por exemplo, o sentimento de perda quando o primeiro passo de seu filho é visto pela educadora. A culpa quando o filho pega uma virose por estar num ambiente coletivo... E quando os pais percebem que o filho para de chorar no colo da educadora? Por um lado é ótimo — eles se gostam —, por outro lado dá um ciúme... Em alguns finais de semana, entre uma birra e outra, vêm a raiva e a culpa por se irritar com a criança, que tão pouco tempo fica com eles. É preciso que sejamos corajosos para lidar com essas emoções, pois existem medos, desconfianças, mágoas e necessidade de aceitação. E do mesmo modo que se escolhe feijão, a gente precisa ir separando: ansiedade dos pais, cobranças da sociedade, expectativas dos educadores, necessidades de mudanças na creche, entre outros pontos que surgem e precisam ser elaborados.

Imagine um pai e uma mãe da creche onde você trabalha. Crie como palco um espaço íntimo e acolhedor. Comece a conversar com esses pais sobre os sentimentos e dúvidas vivenciados quando eles colocaram o filho na creche. Imagine uma troca de papéis, um podendo ver o outro com seus próprios olhos. São cenas de picar cebola e arrumar a cozinha.

É preciso continuamente transformar dúvidas, ressentimentos, alegrias, angústias e tantos outros sentimentos que necessitam ser manifestados e digeridos dos dois lados. Descubra um espaço para resgatar a relação entre pais e educadores. Tempere essa relação e eduque as crianças com mais sabor!

6 • Relação afetiva, assunto de berçário

*Reconhecer a importância do vínculo
afetivo do bebê com a mãe e familiares
é fundamental no trabalho do educador.*

M. Clotilde Rossetti-Ferreira
Caroline F. Eltink

Margarida chega na creche. Dirce também. Margarida está cansada. Dirce também. Lado a lado, vão em busca dos filhos na turma do Saci-pererê. O caminho até o berçário é longo. Margarida olha para Dirce. Dirce olha para Margarida. Margarida sorri. Dirce sorri. Mas sorri amarelo...

— Credo, Dirce. Parece que viu assombração.

— É que eu tô preocupada, sabe?

— Ih, menina ... que foi, Dirce do céu?

— Faz três meses que a Laís vem na creche... No começo parece até que tudo ia bem. Só que agora ela começou a chorar muito. Ai... tá tão difícil de deixar ela aqui.

— O meu Otávio tá ótimo. Sabe, eu achei que ele fosse dar mais trabalho pra acostumar! Juro por Deus.

— Mas o que eu acho gozado é que a menina não era assim, e agora não quer me deixar sair de perto, não quer saber de ficar com a Clara na creche...

— Vai ver que tem alguma coisa errada...

— Eu sei que ela não tem nada, não tá doente! Ai, Margarida... eu fico até pensando se não era melhor ter deixado com a minha mãe.

— A Clara disse alguma coisa? Assim... se fica chorando... Essas coisas... precisa ver direito, hein, Dirce!

— Eu já falei com ela, mas ela disse que não. Depois que eu vou embora, fica um tempinho chorando, mas depois passa. E parece que passa mesmo, porque quando eu volto, a Laís choraminga, mas não tá com cara de quem chorou o dia todo, não.

— Sabe que no começo eu também ficava na dúvida? Fica com a minha mãe, fica na creche. Na minha mãe, na creche. Ah, mas o Otávio tá tão bem aqui...

Da janela, Clara, a educadora, acena.

— Oi! Chegaram mais cedo. Entrem. Tô terminando de trocar o Otávio. Você quer terminar? – pergunta Clara para Margarida.

Margarida termina a troca. A educadora chama Dirce para um canto. Pergunta se aconteceu alguma coisa em casa, se a filha ficou doente. Comenta que a menina deve estar sentindo a falta da mãe.

— Ela sempre aponta pra porta. Como se quisesse ir embora.

— Ai... a minha Laís...

Atenta, a educadora ouviu a preocupação de Dirce. Logo veio Margarida e ficaram as três ali, no meio do berçário, procurando entender o que aconteceu com Laís. Antes era um bebê tão tranquilo, aceitava o colo de qualquer pessoa e agora "estranha", chora quando a mãe sai de perto e parece que não quer saber do consolo de ninguém!

Pois é, ela não regrediu, como supõem algumas mães e educadoras: ao contrário, está se desenvolvendo. Ela construiu uma relação, ou seja, agora discrimina as pessoas com quem interage e por isso reage de maneira diferente com pessoas mais conhecidas e desconhecidas.

Em psicologia, essa primeira relação afetiva é chamada de *apego*. É a primeira relação estável que um ser humano estabelece, em geral com a mãe. Mas, apesar de a mãe geralmente ser a primeira figura, o bebê tem capacidade para estabelecer outras relações afetivas, ampliando sua rede de relações ao longo de sua vida, como, por exemplo, pai, avós, tios, babás, educadores etc. É claro que o número de pessoas com quem a criança estabelece apego pode variar conforme a cultura e, particularmente, conforme a forma de organização e os costumes do grupo familiar.

Mas quanto tempo leva a construção inicial dessa relação por parte da criança? Quando é possível dizer que a criança está apegada a esta ou àquela pessoa? Varia de criança para criança, conforme o contexto em que vive e as interações que ela estabelece com a mãe e outros familiares e conhecidos. De maneira geral, em torno dos seis meses de idade, e mais claramente depois de oito meses, já se notam sinais claros de que a criança está apegada: mesmo antes de engatinhar, ela se orienta preferencialmente para a mãe ou outra figura de apego, sorri e se comunica mais com ela, busca sua proximidade, é para ela que levanta os bracinhos... No seu colo ela sossega, mesmo quando está desconfortável ou doente; se uma pessoa estranha se aproxima, ela se refugia "nas saias da mãe" e, desse "porto seguro", olha de "rabo de olho" para o estranho ou para a situação desconhecida. Ela lhe serve de apoio para explorar o mundo. E em sua ausência mostra-se menos animada, mais quietinha e "bem-comportada". Mais por medo do que por bom comportamento!

Bowlby, um dos principais teóricos do apego, propôs que, no decorrer da evolução do ser humano, a primeira função do apego teria sido a proteção contra os predadores que rodeavam seus acampamentos. Os predadores de hoje não são mais tigres ou lobos, porém imagine um bebê de nove meses ou um ano sorrindo e indo ao colo de qualquer estranho, na rua ou no supermercado! Ou saindo pelo portão afora e atravessando uma rua movimentada... Isso nos permite imaginar como o apego é vantajoso para a própria sobrevivência da criança. E também para o sossego da mãe e das educadoras!

No momento em que o bebê se distancia da figura de apego, é importante que ele se sinta apoiado para explorar o ambiente. Esse apoio depende tanto de fatores externos, como a distância da mãe ou a presença de estranhos, quanto de seus próprios estados internos.

Se ambos estão tranquilos, em um ambiente familiar, essa distância pode aumentar bastante. Porém, se a criança está cansada ou doente, ela em geral não quer saber de se afastar da mãe nem um minuto; se a mãe está mal, preocupada ou depressiva, a criança, ao perceber seu distanciamento, procura restabelecer a proximidade; se ficou um tempo separada da mãe por qualquer motivo (por trabalho, viagem ou adoecimento), a criança fica mais "agarrada", como para se certificar de que não vai perdê-la novamente.

Mas não é só a mãe ou algum adulto familiar que tem esse poder de dar apoio aos impulsos exploratórios da criança. As crianças se soltam mais da educadora – que nessa situação desempenha o papel de figura de apego – quando o ambiente está estruturado com "cantos" de atividade – como canto da pintura, do teatro ou do pula-pula – nos quais elas se entretêm sozinhas ou com outras crianças. Isso, porém, só ocorre se o arranjo do ambiente permitir que a criança veja onde está a educadora... Se as paredes ou estantes que subdividem a sala formando os cantos forem altas, encobrindo a visão da educadora, a criançada se amontoa em volta dela...

À medida que a criança vai se desenvolvendo, ela vai adquirindo cada vez mais competências, como, por exemplo, passa a ter uma noção de tempo e espaço, compreende melhor o que os outros lhe falam, pode então entender que uma mãe temporariamente ausente voltará em breve. Isso não significa que não existe mais apego. Ele continua a vida inteira, e novos vínculos são estabelecidos com outras pessoas, como amigos, companheiro, filhos... O que muda são as formas de manifestação: a busca de proximidade deixa de ser física; pode ser um pensar no outro, um telefonema, uma carta... mas o apego continua sempre existindo.

E como será que está o papo de Clara, Margarida e Dirce lá na creche?

Dirce comenta:

— É, outro dia eu fui lá no Centro de Saúde para dar vacina na Laís e foi a primeira vez que ela deu um trabalhão. Até agora quando eu levava, ela ficava quietinha, olhando tudo e sorrindo quando alguém falava com ela. A enfermeira e o pediatra podiam pegá-la, mexer nela, e ela não estava nem aí, era toda sorrisos. Agora, nem lhes conto. Ela armou um berreiro e não largou de mim.

— Ela está com oito meses agora, não é? – perguntou Clara. — Pois é, em torno dessa idade é que se intensificam as reações de apego, de agarramento à mãe. Pode ser uns dias ou mês a mais ou a menos... Nenhuma criança é uma fórmula matemática.

Clara ainda disse que existem diferenças entre as crianças: algumas choram mais, outras ficam mais agarradas, outras preferem ficar mais isoladas e em outras este momento mais agudo não é tão crítico. Existem as diferenças individuais. Não só na expressão do comportamento, mas também na idade em que aparecem.

— Eu também já reparei, observando outras turmas, que isso também acontece quando as crianças mudam de turma, especialmente nos primeiros dias — porque ainda não conhecem bem a nova educadora.

Nesses períodos mais críticos é que tais comportamentos aparecem.

Foi observando os comportamentos das crianças, investigando com a família o que estava ocorrendo em casa, lembrando as reuniões de formação, que Clara pôde compreender o que estava acontecendo com Laís e, assim, ajudar a mãe a ficar menos ansiosa.

7 • O adulto, um parceiro especial

*O adulto facilita a criança a explorar
o ambiente e a socializar-se.*

***Alma Helena A. Silva
Eliane F. Costa***

Nos primeiros anos de vida de uma criança, mesmo tendo a oportunidade de conviver com outras crianças e adultos, ela ainda não tem noção de que é uma pessoa e que as demais crianças são outras pessoas. Por isso, acredita que o mundo gira em torno dela e de suas necessidades.

Aos poucos, conforme vai interagindo com o ambiente em que vive e com outras pessoas, adultos ou crianças, ela vai percebendo que nesse mesmo espaço existe o outro. Esse outro pode disputar o mesmo brinquedo, o mesmo espaço e até mesmo o colo do adulto.

Muitas vezes a luta por aquilo que a criança acredita ser seu acaba em choros, mordidas, ou simplesmente em perdas de um para o outro.

É no confronto com esse mundo que ora causa alegrias, ora causa frustrações, que a criança percebe no adulto um parceiro que pode auxiliá-la.

Ela passa a solicitar a ajuda ao adulto para superar as dificuldades que vão aparecendo, como, por exemplo, o tombo de um barranco, a perda de um brinquedo para o amiguinho. Ou passa a compartilhar com ele algo que representa uma conquista, como, por exemplo, conseguir subir os degraus de uma escada.

O papel do adulto enquanto parceiro mais experiente é fundamental nessa primeira fase de reconhecimento e exploração do ambiente pela qual a criança passa. Ele deve procurar perceber a dinâmica das relações que estão sendo construídas. E contribuir para que elas se dêem da melhor forma possível, sugerindo trocas ou empréstimos no caso da disputa pelos brinquedos, incentivando a criança a enfrentar desafios e assim por diante.

O educador constrói uma relação com o grupo. Nesse grupo ele constrói também uma relação com cada criança em particular, pois cada um é um. Cada ação do adulto para com uma criança gera uma certa reação; a mesma ação para com outra criança poderá gerar uma reação totalmente diferente.

Isso nos leva a perceber que o choro de um não se tranquiliza da mesma forma que o do outro. Uma estratégia de conquista que foi eficiente no caso de uma criança pode não ser com outra.

Assim, o adulto e a criança passam a estabelecer uma relação que é única, embora tenha a presença e a influência de outras relações. Essa relação é sujeita a mudanças, à medida que eles descobrem a necessidade disso acontecer.

Na convivência diária, o adulto pode ser uma pessoa que transmite segurança para a criança. Alguém capaz de parar para ouvi-la, valorizar suas perguntas, suas produções, seu potencial. Alguém que seja sincero, autêntico e que respeite suas opiniões. Dessa forma, ele se torna um parceiro com o qual ela pode contar na busca do conhecimento de um mundo grande, novo e interessante.

Conforme o tempo passa, a relação que essa criança construiu com o adulto, com outras crianças e com o ambiente certamente contribuirá para a construção de uma autonomia maior. Ou seja, para que a criança enfrente situações que antes lhe causavam insegurança e para que tome decisões e iniciativas, podendo expressar sem medo aquilo que ela é e o que ela pensa.

8 • Quando a criança começa a frequentar a creche ou pré-escola

Planejamento e organização podem auxiliar nos primeiros dias da criança, dos familiares e dos próprios educadores na creche.

**M. Clotilde Rossetti-Ferreira
Telma Vitoria
Liliane Gonçalves Goulardins**

O que é adaptação?

Na creche ou pré-escola, os principais períodos de adaptação da criança, da família e do educador ocorrem quando a criança entra na creche, quando muda de turma e quando ela sai da instituição. Aqui nós vamos comentar mais sobre os primeiros dias de uma criança nova na creche e sua família. A mudança de turma e a saída para a escola são comentadas em outros textos: "Encontros e despedidas" e "Chegou a hora de ir para a escola".

Os momentos iniciais na creche exigem sempre um esforço de adaptação da criança, da família e daqueles que assumem seus cuidados.

Habitualmente, a criança convive com poucas pessoas em casa, com quem já estabeleceu um forte vínculo afetivo. Lá ela pode explorar os cômodos e objetos da casa, observando e participando das atividades dos familiares.

Já na creche ou pré-escola, a criança passa a conviver com um grande número de adultos e crianças, em um ambiente novo, que geralmente lhe é estranho. Tudo é novo. Mudam as pessoas, o espaço, os objetos, a rotina.

Essas novidades podem ser atraentes para a criança pequena, quando enfrentadas em companhia de um familiar ou de uma pessoa conhecida e querida. Mas quando separada deles, a criança pode sentir--se sozinha, e as novidades lhe causam medo. Ela pode demonstrar isso ficando triste ou quieta demais.

Porém se engana quem acha que só a criança enfrenta mudanças na entrada da creche. Sua reação pode ser a mais evidente. Mas a família também sofre nesse processo. As mudanças não ocorrem só na rotina da família, que tem de encaixar os horários da creche no seu dia-a-dia. Muda também a forma de encarar a educação e o cuidado de sua criança.

Quando a criança é muito novinha, a mãe frequentemente se pergunta: "Mãe que é mãe deixa seu bebê na creche?"

Ou então a sogra ou o pediatra lhe fazem esse incômodo questionamento, através de comentários ou gestos...

E não são só a criança e a família que enfrentam mudanças. O educador também precisará se adaptar, descobrindo pouco a pouco, nesta criança e nesta família, seus novos parceiros do dia-a-dia.

A creche também muda ao oferecer seu serviço à família. Ela recebe mais do que novas pessoas. Recebe a cultura, o hábito, a história delas. Todos acabam mudando. Esse complicado processo de mudanças tem suas vantagens e desvantagens.

As vantagens e os problemas da adaptação

A época de adaptação é muito especial. Todos desejam que ela caminhe da melhor forma. Mas para cada criança e cada família esse processo ocorre de um jeito ligeiramente diferente e, em parte, imprevisível.

São muitos os pequenos acontecimentos, mínimos comentários, gestos menores que vão influenciando... E tantas vezes eles acontecem que nem os notamos. Entretanto, não dá para negar que as pessoas ficam mais sensíveis neste período. Essa sensibilidade nos deixa mais atentos a esses pequenos fatos. E é justamente essa sensibilidade que pode facilitar ou dificultar as relações entre as pessoas.

Facilita, quando elas ficam mais flexíveis, mais abertas para ouvir o que os outros têm a dizer, pois aumenta a possibilidade de refletir sobre um acontecimento e tomar uma atitude madura diante dele.

Dificulta, quando a sensibilidade produz um nível de ansiedade ou nervosismo muito grande. Um pequeno gesto de alguém pode ser tomado como ofensivo para quem está muito tenso. Uma coisinha qualquer pode desconjuntar as ideias e as relações.

Por esse motivo, é importante ter na equipe pessoas disponíveis para ouvir um desabafo, conversar, orientar, dar apoio àqueles que estiverem precisando, seja uma criança, uma pessoa da família ou um educador.

Um jeito inadequado de enfrentar a questão é manter a creche ou pré-escola fechada à família, quando a criança é diariamente entregue e devolvida na porta de entrada. Com essa prática, alguns conflitos e confrontos com os familiares da criança podem até ser evitados. Porém, perde-se a oportunidade de estabelecer a parceria tão necessária entre a instituição e a família. E quem sofre mais com isso acaba sendo a criança!

Planejar e organizar-se para receber as novas crianças e famílias é uma boa ideia

O período de adaptação pode ser cuidadosamente planejado para promover a confiança e o conhecimento mútuos, favorecendo o estabelecimento de vínculos afetivos entre as crianças, as famílias e os educadores.

Dá-se, assim, oportunidade para a criança ter experiências sociais diferentes da experiência familiar, fazendo contatos com outras crianças em um ambiente estimulante, seguro e acolhedor. Vale lembrar que o fato de ter uma pessoa familiar junto à criança na creche, nesse período inicial, possibilita à família conhecer melhor o local e o educador com quem a criança vai ficar. Geralmente isso faz com que todos adquiram maior segurança.

Como a adaptação acontece na creche?

Essa fase inicial, em que criança, família e educador estão se conhecendo, pode durar dias ou meses. Pensando melhor, sempre estarão se conhecendo. Por isso se diz que a adaptação, de certa forma, nunca termina. Digamos que há uma fase em que o desafio é maior. Para auxiliar nesse desafio, vamos ver um pouco mais como as crianças costumam reagir nesse período.

Embora haja muitas diferenças individuais, a partir dos seis ou oito meses de idade é comum os bebês não reagirem bem diante de pessoas estranhas e protestarem quando são separados daquelas que lhes são conhecidas. Isso é o que geralmente acontece quando o bebê chega na creche pela primeira vez. Mesmo se for uma criança um pouco mais velha, a reação mais comum é chorar e agarrar-se à pessoa que lhe é familiar. Em geral, aos dois ou três anos de idade, os protestos parecem diminuir, pois a criança já compreende melhor a separação, consegue que os outros a entendam melhor e se envolve em brincadeiras com companheiros.

Para facilitar a integração da criança à creche nos primeiros dias, seu ingresso pode acontecer de forma a aumentar gradualmente o tempo que ela fica ali. Nesse período, a presença de um dos pais ou familiares é importante para a criança, pois lhe transmite segurança e lhe dá apoio para explorar e conhecer o novo ambiente.

Durante a adaptação, a educadora vai auxiliando a criança a familiarizar-se com os novos horários de sono, alimentação e banho, buscando um equilíbrio dos seus hábitos e costumes, aproximando-os gradualmente até acomodá-los à rotina da creche. Esse processo será facilitado se a criança puder sentir tranquilidade e segurança na decisão dos pais de colocá-la na creche e na relação deles com sua educadora.

As crianças, sobretudo as pequenas, têm poucos recursos para se expressar, visto que ainda não se comunicam verbalmente. Assim, manifestam seus sentimentos através do corpo. Durante o processo de adaptação à creche, elas vivenciam momentos de separação, insegurança e outros sentimentos que, nessa situação, podem desencadear diversos tipos de comportamentos. Ela estará expressando suas dificuldades e buscando o auxílio e cuidado do adulto. Além de chorar, ela pode adoecer frequentemente, recusar alimentos, não dormir ou dormir demais etc.

Geralmente, os pais, por observarem essas reações, demonstram preocupação. Eles normalmente fazem as seguintes perguntas: "Minha filha dormiu bem hoje?", "Meu filho comeu?", "Ela chorou depois que eu saí?" Essas perguntas demonstram preocupações importantes, mas cabe esclarecer que esses comportamentos são formas muito comuns que a criança encontra para reagir às novas situações.

Algumas famílias acreditam que é preferível sair escondido quando deixam a criança na creche, a fim de evitar seu choro. Em nossa opinião, é preferível que a criança veja e saiba que estão saindo, que expresse sua tristeza ou raiva e que seja consolada. Com o tempo, ela vai perceber que voltam todos os dias para buscá-la.

É importante, nessa fase, que todos, pais e educadores, possam compreender e respeitar o momento da criança de conhecer o novo ambiente e estabelecer novas relações. À medida que ela vai se integrando, podem ser percebidas as influências positivas de sua permanência em uma creche que oferece boas condições para o seu desenvolvimento.

Por que a adaptação é tão difícil para a criança, a família e o educador?

Para responder a essa pergunta, é interessante entender o que essa fase representa para a creche e o que ela desperta nas pessoas envolvidas.

O período de adaptação provoca uma série de mudanças e mobilizações na creche, seja no espaço físico, na rotina e nas relações entre as pessoas.

Para os pais em geral, a decisão de deixar seu filho na creche é dificultada por uma série de conflitos. Por um lado, a necessidade de trabalhar. Por outro lado, a crença de que, para se desenvolver de forma saudável, a criança pequena deve ser cuidada pela mãe. Por isso, aparecem na família a insegurança, a desconfiança ou até o medo de perder o amor do filho, por deixá-lo na creche. Esses sentimentos entram em conflito com a alegria de conseguir uma vaga, já que esta libera os pais para trabalhar ou para outras ocupações importantes.

A boa relação afetiva entre crianças e educadores deve ser interpretada pelos pais como indicativo de um bom trabalho. Para isso, é importante que os pais conheçam bem qual é o papel do educador e como é seu trabalho. Isso lhes permite viver essa fase com maior tranquilidade, transmitindo segurança para seu filho e facilitando assim sua adaptação.

Um período de adaptação bem conduzido possibilita que pais e educadores, através de sua convivência, estabeleçam uma relação produtiva, de confiança e respeito mútuo.

> *Muita gente não gosta do termo "adaptação". No dicionário Aurélio, adaptação quer dizer "ajustamento, acomodação", o que é diferente das mudanças que vemos acontecer na creche. Quem se ajusta ou se acomoda é aquele que se submete a uma situação, seja boa ou ruim. A submissão é tudo o que as pessoas que trabalham com educação querem evitar.*
>
> *O termo "adaptação" pode dar a ideia de conformismo, de submissão, de resignação. Por isso, muitos não gostam dele. Mas o termo pegou e ainda não se arranjou um melhor.*

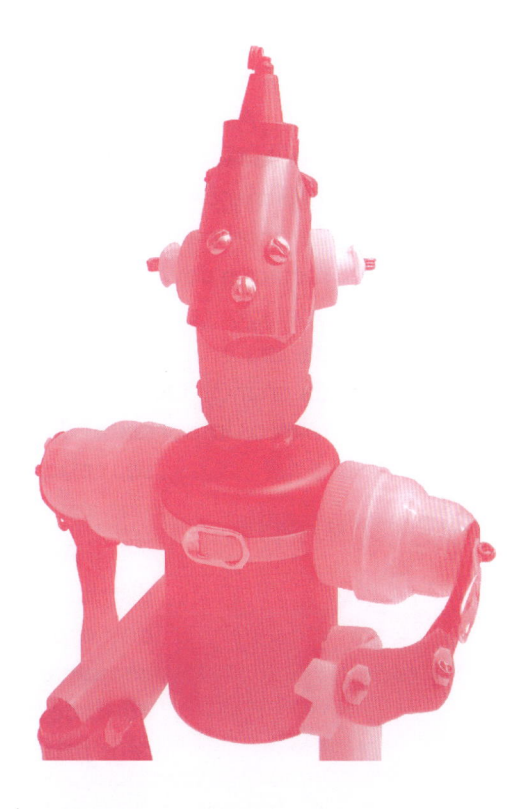

9 • Encontros e despedidas

Educadores, crianças e famílias constroem vínculos aprendendo a despedir-se.

Marta A. M. Rodrigues
Ana Maria Mello

Sabemos que a relação afetiva ou "relação de apego", como também é chamada, vai se construindo desde a primeira infância. Essas experiências de apego vão sendo elaboradas durante toda a vida.

É por isso que nós procuramos estar atentos para a construção dos vínculos afetivos das crianças, das famílias e dos educadores durante o processo de adaptação na creche.

O educador passa por um processo de troca de turma. Nessa troca, ocorre a despedida da turma do ano anterior e o encontro, o vínculo com a nova turma. Nesse processo, surgem diferentes reações e sentimentos. Eles precisam ser trabalhados, pois interferem diretamente na relação de apego que a criança e respectiva família estabelecem com o novo educador.

Pensando nisso, nosso planejamento prevê algumas ações a serem realizadas durante o início do processo de adaptação das crianças.

Assim, a cada início de ano, a educadora do ano anterior e a educadora que vai ficar com a turma se reúnem. Elas trocam informações sobre o desenvolvimento das crianças, através de uma ficha de acompanhamento individual. Essa ficha foi elaborada pela equipe técnica e deve ser preenchida pelo educador ao longo do ano. Nela está anotado: como se deu o processo de desenvolvimento dessa criança e de seu grupo e comentários de alguns técnicos da creche a respeito da criança. Dessa forma, é possível à nova educadora identificar alguns marcos importantes da história da criança na creche. Isso poderá ajudar seu relacionamento com a criança e a família, permitindo-lhe desenvolver melhor seu trabalho com elas.

As educadoras discutem também sobre a distribuição das turmas, as novas rotinas e a organização dos espaços. Um outro ponto importante é que elas combinam como vão organizar a participação da educadora do ano anterior na recepção das crianças e seus pais.

O relato de Marta:

"Foi nessa situação que fiz uma parceria com a educadora que ia ficar com a antiga turma. Trocamos experiências, afeto, e houve valorização do trabalho realizado no ano anterior.

Acompanhei o retorno das crianças que eram da minha turma. Foi uma experiência que me impressionou e me emocionou muito. Colaborei na recepção das crianças e pais. Embora eles me conhecessem, aquela situação era diferente. Era possível observar os olhares desconfiados das crianças e dos pais. Mas também era possível observar que, apesar da desconfiança, havíamos construído um vínculo que trazia segurança.

Conforme as crianças chegavam, vinham me abraçar, chamavam-me pelo nome, pediam colo, mostravam suas gracinhas e às vezes me ignoravam. Comportaram-se dessa maneira comigo porque já tínhamos construído um vínculo, uma relação de apego.

O desafio dessa vez era ajudá-los a construírem vínculos com a nova educadora. E mostrar-lhes que eu voltaria para a sala dos pequeninos. Mostrar que para eles iria começar uma outra história, diferente daquela que tínhamos construído juntos. Era como se nós experimentássemos nesse momento aquela música do Milton, 'a hora do encontro é também despedida...'.

A nossa parceria, minha e da nova educadora, trouxe segurança aos pais e às crianças. Isso foi muito importante para o processo de adaptação, para a construção dessa nova história.

Enquanto as crianças estavam estabelecendo um vínculo afetivo com o novo educador, muitas delas voltavam ao berçário e me viam com outros bebês. Algumas ficavam surpresas, outras me ignoravam. Poder me visitar ajudou as crianças a formarem um vínculo forte com a nova educadora, sem necessariamente precisar perder o que haviam estabelecido comigo. Isso deu a elas a oportunidade de expressar e elaborar seus sentimentos de perda, ciúme e até de alegria pelo novo.

Hoje em dia, elas me visitam em algumas tardes. É muito gostoso quando me chamam na porta, jogam beijos ou conversam com os 'meus' novos bebês. Quando é possível, deixo que entrem, matem a saudade e curtam a sensação gostosa de rever velhos amigos..."

Esse processo foi difícil para todos educadores. No fundo, todos tinham medo de perder o amor dos "meus" bebezinhos, como gostávamos de brincar. Mas depois fomos percebendo que o vínculo que nós tínhamos poderia ser mantido.

Não deve ter sido fácil para a nova educadora estar com crianças que ainda queriam o vínculo anterior. Entre os educadores houve um certo ciúme, uma certa competição pelas crianças, um certo desejo de posse do amor das crianças. Aos poucos, fomos trabalhando esses sentimentos. Muitas vezes dá vontade de não falar sobre eles, mas dá um alívio quando a gente fala... Então, passa a existir espaço para o sentimento de vitória por podermos construir juntas a história dessas crianças.

As crianças são minhas? São delas? São dos pais? São de todos nós, não é mesmo? Somos responsáveis pelo cuidado e a educação delas. São vínculos diferentes que sabendo mediar as contradições, conseguimos desenvolver intimidades importantes para o desenvolvimento sadio das crianças, suas famílias e seus educadores.

10 • Novo ano, nova turma, nova adaptação

O educador num processo de adaptação à nova turma, seus pais e antigos educadores.

Cândida Bertolini
Mirian de S. L. Oliveira

Não somos os primeiros educadores. Todo ano recebemos um grupo de crianças que frequentou o berçário no ano anterior. Isso gera uma série de questionamentos em nós.

O que sentimos quando as crianças preferem os educadores do ano anterior? Como fazer para que os pais confiem em nós, já que estes têm um vínculo estabelecido com outros educadores? Como respeitar as diferenças que existem entre um educador e outro? Como elaborar a aceitação ou a rejeição de alguns pais?

Buscando responder a essas questões, paramos um pouco para pensar na adaptação de educadores, crianças e pais.

Adaptação não é algo estático. Adaptação é um processo de mudança, desenvolvimento. É estar atento às novas necessidades.

Cheios de dúvidas, nós, os novos educadores e os pais, vivenciamos algumas vezes aborrecimentos e chateações. Mas conforme as crianças vão estabelecendo vínculo conosco, os conflitos vão sendo amenizados.

Muitas mudanças ocorrem para as crianças. Exploração de um novo espaço e objetos, refeições nas mesinhas do refeitório e não mais nos cadeirões... Desafiamos todos a caminhar, depois investimos no desenvolvimento dessa atividade, até iniciar pequenas corridas. Quanto à comunicação, temos que aprender a decifrar as primeiras palavras e os gestos que comunicam frases inteiras, para aos poucos ir estimulando as crianças ao desenvolvimento da fala.

No segundo semestre, as crianças já mudaram muito. Comem com autonomia quase total e usam copinhos para beber o suco e o leite. Correm para o viveiro quando anunciamos que vamos visitar os patos. Cantam e constroem pequenas frases. Trocam abraços e sorrisos conosco. O trabalho é compensado pelas confidências estabelecidas.

O processo de adaptação exige de nós reflexão e atenção aos nossos sentimentos. As crianças e seus pais, que já estavam frequentando a creche no ano anterior, pareciam adaptados. Mas observando os conflitos diante da nova situação, confirmamos o fato de que a adaptação é um processo constante, que precisa ser avaliado a cada ano, com as novas crianças e famílias, ou seja, em cada remanejamento da turma.

11 • Chegou a hora de ir para a escola

*Crianças elaboram o processo
de despedida da creche.*

Alma Helena A. Silva

Crianças de seis, sete anos, que estão no seu último ano de creche, fizeram uma entrevista com algumas crianças que frequentaram a creche e que hoje estão cursando as séries do primeiro grau.

— Na sua escola tem parque?

— Na minha tem.

— Na minha não.

— O que é prova?

— Prova é quando a gente tem que responder umas perguntinhas lá... sobre o que aprendeu... entende?

— Eu queria saber o que é nota.

— Nota é quando você faz uma prova e se você for bem, você tira A ou B, mas se for mais ou menos, tira C; agora, se for mal você tira D ou E.

— Você ficou com saudade da creche?

— Sua professora é boazinha?

— O que é recreio?

A entrevista é uma das atividades desenvolvidas dentro do projeto de adaptação à escola. Ele tem por objetivo promover diversas situações para que as crianças reflitam e expressem seus sentimentos, dúvidas e expectativas em relação à saída da creche e à ida para a escola.

Outras atividades são desenvolvidas com o mesmo objetivo. São elas: entrevistas com as famílias para que as crianças montem um livro retratando os seis primeiros anos de vida delas; construção de mural com objetos e fotos em diferentes momentos e situações; uma noite de sono na creche; realização de um acampamento, ocasião em que as crianças viajam para alguma cidade vizinha com seus educadores; visitas a escolas de primeiro grau e, para encerrar, uma gostosa festa de despedida.

Enfrentar mudanças, vir a frequentar um novo ambiente, provoca entusiasmo pela novidade, como também certa preocupação, ansiedade ou medo. No novo ambiente as crianças vão se mostrar às outras, muitas vezes desconhecidas. Além disso, carregam a tristeza da separação dos amigos queridos que deixam de ver quando param de ir à creche. Surge a pergunta: *"Quem sou eu?"* É por isso que trabalhamos com a criança a ideia de quem é ela desde bebê. Assim, damos a ela a oportunidade de se desenvolver nesse momento de mudança, conhecendo-se melhor, tornando-se mais forte e dona de si mesma.

Muitas dessas crianças chegaram até nós bem bebezinhos. Alguns tranquilos, outros mais agitados. Os que gostam demais de comer, os que quase não comem nada. Os que choram bastante, os que vivem sorrindo... cada um com sua individualidade.

Mas, enfim, um dia todos crescem! Crescem na vida, crescem para a vida e nos ajudam a crescer também. A sensação que temos, a cada turma que sai, é a de que juntos chegamos ao final de uma jornada.

Isso gera em nós um sentimento que envolve ganhos, perdas, alegrias, tristezas, saudades, realizações, e principalmente gratidão aos pais e crianças pela confiança que tiveram. Esses sentimentos precisam ser bem trabalhados e elaborados nesse processo de despedida, para que possamos nos envolver com prazer com a nova turma, mantendo o relacionamento afetivo com a anterior.

Esperamos que as crianças possam partir em busca do novo, sentindo-se mais seguras de que serão capazes de trilhar caminhos diferentes, estabelecer novos contatos e ser bem-sucedidas nessa nova etapa.

12 • Como será que eu vou me virar com ele na turma?

Crianças portadoras de deficiências são capazes de fazer algumas coisas e outras, não. Como todo mundo.

Cláudia Yazlle
M. Clotilde Rossetti-Ferreira

O alvoroço na sala dos professores era completo.

— De que jeito vamos nos virar com essas novas crianças tão diferentes das outras que vêm hoje à tarde?

— Será que não era melhor deixá-las na escola especial, que tem um prédio mais adequado, com rampa, e professores especializados, que sabem melhor o que fazer com elas?

— Como será que vai ser com as outras crianças do grupo? Será que elas não vão caçoar ou maltratar? E daí, o que eu vou fazer?

— Eu estive na reunião com as famílias, na terça-feira — disse Maria José. — Eu nunca tinha visto tanto pai participando! Parece que no caso dessas crianças os pais participam muito mais.

— Eu também estive lá. Achei engraçado ver aqueles dois garotinhos tranquilos, assistindo à reunião. Até pareciam normais. Não fosse o desajeitamento deles na cadeira e aquelas mãozinhas meio torcidas, meio descoordenadas... Será que dá para eles segurarem o lápis?

Nesse momento, todos se calam quando entra Norma, professora do pré, que tem um filho de cinco anos, o Guilherme, com paralisia cerebral. Ela é uma pessoa experiente e simpática, que todos respeitam e apreciam.

— Como é, pessoal, o que estão achando da nova aventura?

Caladas, as professoras se entreolham.

— Já estou percebendo! Tá todo mundo preocupado, com medo!

Podem falar. Pois é, eu também passei muito tempo desesperada e desnorteada com o Guilherme. A barra foi muito pesada. Só depois de começar a frequentar o grupo de pais de crianças portadoras de deficiências lá na escola especial, coordenado pela Célia, é que comecei a percebê-lo e a interagir com ele como um menino como os outros, apesar de diferente. Todos nós lá de casa mudamos com essa nova experiência, acho que ajudou todo mundo. Até a Jéssica e o Rui começaram a interagir com o Guilherme de maneira diferente, levando-o para brincar com seus amigos lá no clube. E a modificação do Guilherme, então, nem se fale! Parece que enquanto o tratávamos como uma criança excepcional, vendo mais aquilo que não era capaz de fazer, ele se comportava o tempo todo como um deficiente. Na medida em que mudamos com ele, procurando prestar mais atenção no que ele era capaz de fazer, parece que ele virou outro. Lá na creche também notaram sua transformação. Já está andando pela sala e pelo pátio; desajeitadamente, é verdade, mas sem apoio; senta-se para comer, brincar ou trabalhar com as outras crianças. Se envolve em quase todas as atividades. As outras crianças também parecem aceitar suas diferenças até melhor do que nós, os adultos!

— Mas, Norma, será que não era melhor para ele ir para aquela escola especial, onde tem um monte de especialistas que entendem muito mais sobre como trabalhar com ele? Será que dessa forma ele não iria progredir muito mais?

— Sabe, eu no início pensava assim. Achava que, convivendo com outros deficientes, ele não iria se sentir inferiorizado, não teria tanta consciência de seus problemas e poderia assim ser mais feliz. No grupo de discussão da Célia, porém, fui aprendendo que dessa maneira ele iria ficando cada vez mais excluído da convivência dos outros. Nós mesmos, da família, já estávamos evitando levá-lo a lugares públicos, permanecendo mais em casa com ele. Passamos a escondê-lo dos outros como se seu problema de paralisia cerebral fosse uma vergonha a ser escondida. No grupo de discussão da Célia tem pais de crianças com outras deficiências: cegueira, surdez, deficiência mental. E eles também comentam que passaram por experiências semelhantes. Não é fácil, não. Mas de repente estamos percebendo que a integração, a inclusão em classes regulares, é a melhor alternativa, mesmo que se precise dar mais apoio para a criança ou buscar alguma ajuda especial para ela. No fundo, se olharmos bem, todo mundo é diferente um do outro. Uns são magros, outros, gordos; uns são loiros, outros, morenos; somos mais ou menos desajeitados, temos maior ou menor facilidade para fazer determinadas coisas, como cantar, jogar futebol, trabalhar no computador ou cozinhar. Por que não procuramos descobrir o que cada um tem de melhor, para podermos nos relacionar com ele através de suas qualidades e não de seus defeitos? O mundo seria bem melhor assim.

— Puxa, Norma, mas integrar crianças com dificuldades como o Guilherme não é fácil!

— Ah! isso é verdade! Acho que vamos ter de nos preparar para isso. Vocês não acham que nós poderíamos montar um grupo de discussão aqui na escola, para trocarmos experiências? Talvez isso nos ajude a saber preparar o ambiente e a rotina para recebê-las e integrá-las melhor ao grupo.

E as reuniões começaram. Com o passar dos dias, as professoras comentaram que foram aprendendo a conhecer melhor suas crianças especiais. Seu gosto por história, seu jeito de se segurar nas cadeiras e caminhar. Seu jeito gostoso ou difícil com os colegas, seu tempo especial de fazer as coisas. Uns são mais atentos, gostam de participar das rodas de história, mesmo com dificuldades para falar. Outros são mais dispersos. Mas todos insistem em se fazer entender, gesticulam, apontam. Exigem por vezes mais tempo e paciência, como outras crianças em certos dias... E as professoras foram percebendo que eles são capazes de algumas coisas e não de outras — como todo mundo.

Através da experiência de integração de crianças portadoras de deficiência, aprendemos a prestar mais atenção nas diferenças e semelhanças entre as crianças. Percebemos que no berçário da creche tem muitas crianças que não andam, não falam, babam, usam fraldas, não seguem regras... coisas que parecem características de pessoas com deficiência, mas que já fizeram parte da vida de todo mundo. As crianças não aprendem na mesma idade a falar e andar, a comer sozinhas ou a se vestir. Por que será que isso nos deficientes nos incomoda tanto? Muitas vezes, quando uma criança demora mais que as outras para fazer alguma coisa, já desconfiamos que ela tem problemas. E se a tratarmos de jeito diferente, por interpretá-la assim, é possível que a tornemos problemática mesmo! No entanto, andar ou falar mais cedo que outras crianças não é sinal de inteligência ou felicidade.

Passamos também a acreditar mais nas crianças e no grupo, percebendo a capacidade que elas têm de buscar um jeito de resolver as dificuldades que surgem, sem muita interferência direta de nós, adultos.

A presença de crianças portadoras de alguma deficiência no grupo nos permite perceber que as crianças (e o grupo como um todo) conseguem descobrir formas de se ajudar umas às outras, mesmo as menores. Já vimos crianças de 3 a 4 anos oferecendo apoio e ajuda para outra com a perna engessada para ela caminhar até o pátio, depois ir ao banheiro fazer xixi.

Assim, as crianças vão nos ensinando que ser portador de alguma deficiência não é um problema sem saída, e isso pode transformar-se aos poucos em tema de brincadeiras, novas aprendizagens, além de motivo de solidariedade.

Conversar com outros educadores sobre a experiência que é aprender a conviver com uma criança com deficiências e educá-la, pode ser muito promissor. Que tal pensarmos em algumas questões? Quais as contribuições que nós, educadores, podemos oferecer para o desenvolvimento e a educação dessas crianças? Como nós, educadores, por vezes dificultamos esse processo? Como o grupo de crianças, colegas e companheiros pode contribuir e participar dele? E a convivência com a criança com deficiência: será que não traz também contribuições para o ambiente social da creche ou da pré-escola? Como essas instituições podem obter auxílio para superar esse desafio? Quem poderia apoiar e orientar esse processo?

Estamos confiantes na possibilidade de buscar alternativas e estratégias para vencer mais esse desafio!

13 • É meu, é seu, é nosso, ou é da creche?

*Trabalhando com a ideia do que é próprio
e do que não é próprio, a criança vai
construindo sua identidade com o apoio
e limite do educador.*

**Rosana Carvalho
Sandra Heloisa Pinto Gomes
Rita Brunello**

Horário do banho. Tem esteiras com brinquedos no banheiro. Leila, a educadora da turma de dois anos, está trocando Gustavo, e o resto da criançada se diverte brincando nas banheiras.

No meio da brincadeira, Aline grita disputando um carrinho com Samuel:

— Me dá! É meu!

Leila observa a cena e continua olhando, sem intervir. Aline persiste:

— É meu! É meu! É meu!

Leila decide intervir:

— Calma, pessoal, é da creche!

E a criançada repete em coro:

— É da "queche"!!!

Carlinhos levanta da privada dizendo:

— É meu xixi.

E Aline repete a ideia aprendida:

— Não é, não! É da "queche"!

O que é meu, seu, nosso, da creche? Um ano atrás, essas crianças davam adeus, jogavam beijinhos, batiam palminhas, brincavam de "cute". Elas foram aprendendo isso umas com as outras, através da imitação. Daqui em diante, elas podem apresentar certa resistência em fazer pequenas coisas, como escolher a roupa, não querer entrar no carro, não vestir sapato, ou simplesmente dizer "não". Essas oposições, no entanto, são fundamentais para ela própria ir reconhecendo seu jeito de ser.

A criança consegue saber quem ela é através daquilo que ela não é. Essa oposição ajuda na construção de sua identidade. Ou seja, sou educadora porque não sou dentista, sou adulto porque não sou criança etc. É assim que vamos nos diferenciando dos outros.

O carrinho era da creche, mas estava com Aline. A atitude de oposição tem aqui, como característica, o desejo de propriedade das coisas. Ao confundir o meu com o eu, a criança busca, com a posse do objeto, assegurar a posse da sua própria personalidade. Por isso, nas situações de disputa por um mesmo objeto, é comum que o desejo de propriedade conte mais do que o próprio objeto: uma criança é capaz de abandonar um brinquedo tão logo o obtenha na disputa com um colega.

Nesse processo, nosso papel enquanto educador é promover oportunidades para que as crianças exercitem essas oposições em situações planejadas e organizadas, num ambiente acolhedor que lhes dê apoio e limites. Quando apoiamos e promovemos essas interações, estamos facilitando para a criança a construção de sua identidade.

14 • Bicho de estimação

O bicho de estimação pode ajudar uma criança a expressar sentimentos, compreender o que é respeito e responsabilidade.

**Juariana Micheli
Laudicéia Guimarães
Rosangela S. Oliveira**

Era uma vez um aquário quase lindo, com pedrinhas, conchas e até mergulhador! Nele foi surgindo um brilho todo especial e colorido... Primeiro o amarelo, depois o preto, o laranja, e por fim o rosa. Tchan, tchan, tchan, tchan! Todos ficaram prosa! Enfim, o aquário estava completamente lindo, cheio de peixinhos!

Porém, um dia, um peixinho dorme e esquece de acordar. Morreu! No dia seguinte, mais um, mais um e mais um.

Lígia, de dois anos, disse com tristeza:

— Meu peixinho *moeu*!? Ah, e agora?

Os pais e nós, os educadores, ficamos desapontados, mas o que fazer?

Como sair dessa? Decidimos entrar de cabeça para vivermos uma experiência nova. Escolhemos caixas e fomos ao cortejo fúnebre. Em meio ao parque verde e tranquilo, enterramos os peixinhos um a um. Antes, é claro, uma última olhada e um silêncio diferente e atencioso foi feito enquanto a terra cobria os peixes queridos.

Gabriel, três anos, na tentativa de uma última despedida, disse:

— Fica quieto aí, hein, meu peixinho!

E a creche se despediu num caloroso *tchauuu*!!!

Aí, era uma vez de novo um aquário quase lindo...

Esta e outras histórias com bichos de estimação nos fazem pensar sobre a importância deles na vida cotidiana de crianças pequenas. São várias as experiências positivas que os animais podem trazer às crianças.

Elas podem aprender a respeitar outros seres vivos e demonstrar sentimentos de afeto, carinho, raiva, e observar que nem sempre o animalzinho reage bem ao que elas fazem.

Além disso, o cuidado cotidiano de um bichinho, alimentando-o e às vezes limpando o local onde vive, ajuda a criança a ser responsável e a desenvolver sentimentos de solidariedade, amizade e companheirismo. Crianças de um a três anos costumam sentir medo de animais e cuidá-los pode favorecer o controle desse medo.

Na convivência com animais, a criança tem ainda a oportunidade de presenciar de perto o ciclo natural da vida: crescimento, acasalamento, nascimento de filhotes, envelhecimento e morte, aprendendo assim a lidar também com o sentimento de perda.

Num ambiente coletivo, onde existem vários grupos de crianças em diferentes faixas etárias, o bicho de estimação também pode ajudar na construção da identidade de um grupo. Se cada turma tiver um bicho de estimação na creche e for nomeada pelo nome desse bicho, por exemplo, turma do Peixinho, turma do Patinho, isso ajuda a criança a sentir-se parte de um determinado grupo, único e diferente dos outros, e responsável por cuidar de um determinado animalzinho.

> *Outros bichos que podem ser criados em creche: iguana, tartaruga, pintinhos, patinhos.*
> *É importante que eles tenham seu próprio espaço.*
> *Criá-los soltos é perigoso para os bichos e as crianças.*

15 • Conversando sobre sexualidade

*Questões sobre sexualidade
na creche e pré-escola*

**Rosa V. Pantoni
Débora Cristina Piotto
Telma Vitoria**

A sexualidade atravessa a vida das pessoas de maneira única. Ela se associa às ideias e sensações de amor, de prazer, de uma relação afetiva que une as pessoas e, mais ainda, que faz criar novos produtos de amor. Mas associa-se também a brincadeiras e piadinhas ou risadas sem graça até grandes constrangimentos. Essas manifestações engraçadas ou embaraçosas, quando o assunto é sexo, revelam o nosso desconforto diante dele. Para nós, afinal, é um assunto muito íntimo. Esta estranheza aumenta ainda mais quando se aborda a questão da sexualidade infantil.

Como, então, tratar desse assunto na creche? Como será que a sexualidade se manifesta entre as crianças? E como os educadores costumam reagir?

Essa tão estranha sexualidade.

Na nossa sociedade, a sexualidade frequentemente é tratada como um assunto proibido e constrangedor. Na infância, muitos de nós recebemos uma educação sexual confusa. Recebemos poucas informações e tivemos que descobrir as coisas sem a ajuda dos pais. Desenvolvemos assim pouca intimidade com essas questões e até, por vezes, com o nosso próprio corpo.

Porém, hoje em dia a sexualidade tem estado presente em quase todos os lugares por onde passamos e até mesmo dentro de casa. As propagandas, a moda, as academias de ginástica, a música, as novelas... Todos os meios de comunicação têm feito um grande apelo à sexualidade, tratando-a como um bem de consumo. E nossas crianças estão, desde que nascem, convivendo com essas mudanças na maneira de tratar a sexualidade.

O sexo e a sexualidade são coisas distintas. A sexualidade relaciona-se ao prazer, ao amor, a relação entre parceiros amorosos e não se restringe apenas ao ato sexual.

Criança tem sexualidade?

O desenvolvimento da sexualidade se inicia desde a gestação, quando os pais, avós etc., vão formando suas expectativas e sonhos para seu filho ou filha.

Aliás, a educação sexual já começa a se estabelecer desde o momento em que os pais ficam sabendo se o bebê vai ser menino ou menina. O quarto do bebê é enfeitado e as roupas são escolhidas conforme o sexo esperado do bebê. Em cada cultura, as condutas dos adultos são muito diferentes, quando interagem com o menino e com a menina, mesmo quando ainda são bem pequeninos.

Da mesma forma que a criança aprende a andar, a falar, a portar-se à mesa etc., ela vai aprendendo sobre seu corpo, suas sensações, sua sexualidade, seu gênero. A aprendizagem sobre o seu corpo e o corpo das outras pessoas, sobre as sensações de carinho, de prazer ou desprazer marcam profundamente a criança. Através dessas experiências é que ela vai construindo uma imagem sobre si mesma, seu físico, sua auto-estima e vai se percebendo como menino ou menina.

Por que tantos porquês?

A curiosidade infantil estende-se a todos os aspectos da vida, inclusive o sexual. Assim como a criança quer saber: *"por que o céu é azul?"*, *"onde o sol se esconde à noite?"*, ela também pergunta:

— Por que eu tenho xoxota e ele pipi?

— Como fui parar na barriga da minha mãe?

— Como nascem os bebês?

Embora pareçam "assustadoras" para os adultos, essas dúvidas fazem parte da tentativa da criança para entender os diferentes acontecimentos e as pessoas do mundo ao seu redor.

O adulto costuma ficar embaraçado quando as crianças fazem esse tipo de pergunta. Isso porque encara a sexualidade a partir da educação que recebeu e de suas experiências pessoais, por vezes difíceis. Porém, antes de se influenciar pela moralidade social comum nos adultos, a criança só quer satisfazer sua curiosidade.

Como responder a essa curiosidade?

Ajudamos a criança a entender essas questões quando respondemos o que ela quer saber e nada mais do que isso. Da mesma forma que tentamos explicar outras coisas da vida, podemos responder a suas perguntas com explicações curtas e simples. Tão importante quanto a informação é o clima afetivo-emocional desses momentos. Se o adulto fala sobre o assunto com ansiedade, tensão, vergonha ou culpa, ele pode estar transmitindo isso.

A criança precisa perceber que suas dúvidas são importantes e merecem respostas, que sexualidade é algo que pode ser falado e vivido de uma forma natural como ir ao banheiro, comer ou dormir.

Outra forma de responder a essa curiosidade é permitir à criança atividades que ajudam a estabelecer uma relação prazerosa com seu corpo. As crianças costumam falar de sexualidade quando brincam com bonecas, com massinha, tinta e areia. Um banho gostoso ou um aconchego na hora de dormir também ajudam a criança a desenvolver sua sexualidade como algo bonito, curtido, que envolve intimidade, prazer e ternura.

Mas é claro que junto a isso, é importante que a criança aprenda que existem lugares e horas para cada coisa. Assim como para as atividades de comer e dormir, por exemplo, também existe hora e lugar para essas brincadeiras.

Como agir quando as crianças manipulam os genitais ou se masturbam?

Essas ações representam o interesse da criança pelo seu próprio corpo, uma forma de conhecer suas diferentes partes e as sensações que provocam.

É preciso diferenciar a masturbação quando é uma autoexploração e quando a criança usa dela para nos alertar de que algo não vai bem.

Esse alerta pode ser observado quando o ato de se masturbar passa a ser muito constante e repetitivo. A criança pode estar usando essas ações para demonstrar que algumas de suas necessidades afetivas não estão sendo satisfeitas. Falta de atenção, tédio, ansiedade ou tristeza podem ser alguns dos motivos que levam uma criança a se masturbar com maior frequência. Ela recorre a seu corpo para compensar o mal-estar, já que é uma fonte segura de prazer, alivia a tensão ou ela agride o adulto ao fazê-lo. É importante lembrar que a autoexploração vai mudando conforme a criança cresce.

E as brincadeiras de médico?

Um belo dia o educador "pega" duas crianças se tocando, se acariciando na hora de dormir! Um outro educador já havia comentado sobre um casalzinho de sua turma que tem se observado muito em suas diferenças, na hora do banho. Existe também outras três crianças que têm escapado, de vez em quando, e se escondem no cantinho da sala onde o educador não pode vê-las...

As brincadeiras de médico ou outros jogos sexuais são as que mais despertam as angústias do adulto, pois elas expressam uma sexualidade que até então não era percebida na criança. Embora vistas como perigosas ou "erradas", elas fazem parte do desenvolvimento infantil.

Essas brincadeiras possibilitam às crianças satisfazerem suas curiosidades quanto ao funcionamento do seu corpo e dos colegas. Nelas, as crianças vivenciam diferentes papéis sociais, aprendendo a conhecê-los e diferenciá-los. Isso contribui para o desenvolvimento da sua identidade, ou seja, reconhecer-se como homem ou como mulher.

Sem dúvida, os adultos precisam ficar muito atentos a essas brincadeiras, mas muitas vezes não é necessário interrompê-las bruscamente, nem envergonhar as crianças quando são surpreendidas.

E a sexualidade na creche, como fica?

Mais do que direito à sua integridade física e mental, é direito da criança ter acesso a informações e brincadeiras que lhe permitam desenvolver sua sexualidade de forma saudável e prazerosa. Para isso os educadores precisam ter condições de respeitar esse direito. Eles também precisam ter condições de promover projetos psicopedagógicos para auxiliar no desenvolvimento da sexualidade e na educação sexual das crianças. E, para isso precisa, ainda, promover projetos informativos junto às famílias.

Um trabalho desse tipo deve ter como objetivo levá-las a construírem uma visão positiva da sua sexualidade e a se responsabilizarem pelos cuidados com seu próprio corpo, com seus desejos e os de outras pessoas. É importante evitar transmitir às crianças informações errôneas, por exemplo, as histórias de cegonha. Muitas vezes essas informações são geradoras de medo e culpa nas crianças.

Os educadores podem também promover atitudes e comportamentos mais igualitários entre meninos e meninas. Ou seja, procurar tratar da mesma maneira as crianças, independente do seu sexo, sua raça ou religião.

Para que os educadores consigam essas realizações, eles precisam de muito apoio, de tempo para reuniões, discussões e reflexões sobre esse assunto. Dessa forma estarão colaborando para que essas crianças possam viver a sua sexualidade na vida adulta sem inibições, sem culpa, com afeto, respeito e prazer.

16 • Quando a creche é lugar de desenvolvimento de gente grande

*Relação entre o profissional da creche
e o estudante de psicologia é tensa,
mas pode ser produtiva.*

Luciane Sá de Andrade Baldin

Muito tem se falado da creche como lugar de desenvolvimento de gente pequena. Várias teses, livros, artigos têm sido escritos para demonstrar e defender tal ideia. Mas também é importante nos lembrarmos das pessoas adultas que compartilham esse ambiente: as famílias e os profissionais.

Sabemos que o trabalho pode trazer cansaço, fadiga, desgaste. Mas também pode ser espaço de prazer e desenvolvimento para os adultos. A própria creche pode organizar-se para transformar esse trabalho em constantes desafios e conquistas, proporcionando momentos frequentes de formação pessoal e profissional.

Uma das experiências que temos compartilhado com equipes de creches é aquela do estágio de estudantes de psicologia. Trata-se de uma experiência interessante porque coloca o estudante em contato com um grupo de profissionais que tem um objetivo muito claro: educar e cuidar de crianças. É uma oportunidade de contato intenso, que pode trazer conflitos, mas também benefícios. Dos dois lados temos gente grande aprendendo e se desenvolvendo com gente grande.

Os profissionais da creche e os estudantes compartilham desconfianças que muitas vezes dificultam as relações, até que um vínculo seja estabelecido entre eles. O estudante costuma se perguntar se pode oferecer alguma contribuição a uma instituição que funciona independentemente de sua presença. Essa sensação é contrastada com uma visão também frequente do psicólogo: de que ele tem uma "bola de cristal" que percebe e analisa "tudo", invadindo a vida privada das pessoas. O profissional da creche desconfia do estudante e às vezes sente-se inseguro; afinal, qual a necessidade de um outro vir "bisbilhotar" seu trabalho?

Temos visto psicólogos trabalhando diretamente com a criança, atendendo individualmente os casos considerados "problema". Esse tipo de prática pode ir ao encontro das expectativas mais frequentes dos profissionais da creche, ou seja, de que o psicólogo desempenhe o papel de clínico e consiga solucionar todos os casos de conflitos e dificuldades de relacionamento. Entretanto, essa abordagem pontual pode não ser a contribuição mais efetiva dentro da creche.

Esse é o primeiro desafio do estudante de psicologia: perceber as ideias e expectativas acerca do seu trabalho e apresentar uma forma alternativa do trabalho do psicólogo. Procuramos discutir uma forma de trabalho para o psicólogo que considere não apenas os indivíduos daquela instituição e seus problemas pessoais, mas o maior número possível de aspectos daquele contexto de desenvolvimento: filosofia da instituição, proposta psicopedagógica, formação de profissionais, organização do ambiente e da rotina. Ou seja, procura-se identificar aspectos da organização e funcionamento da creche que determinam o tipo de cuidado e educação oferecidos às crianças e para os quais a psicologia possa oferecer uma contribuição.

É verdade que esse processo não ocorre sem conflitos. Mas, aos poucos, as duas partes podem ir compreendendo que assim se dá o desenvolvimento humano. É no contato com o outro, discutindo semelhanças e diferenças, que o profissional da creche pode aperfeiçoar sua ação e que o estudante de psicologia vai tornando-se psicólogo. É a partir do esforço do estudante de traduzir conhecimentos teóricos da psicologia em possíveis práticas educativas e do esforço do educador de refletir sobre sua prática que poderemos ter um encontro muito produtivo.

17 • Todo mundo tem bagunça, só a bailarina que não tem...

*Reflexões sobre a delicada relação creche-família
a partir de queixas costumeiras sobre
as sacolas desarrumadas das crianças*

Telma Vitoria

É comum os educadores se sentirem irritados e até indignados quando percebem que as sacolas das crianças não foram arrumadas de um dia para outro. Pior: quando faz dias que não são arrumadas! Alguns educadores talvez pensem que essas famílias não dão a devida atenção ao próprio filho, que não valorizam a dedicação desses profissionais ou que não retribuem essa dedicação com o mesmo capricho.

Como no trabalho de educadores muito afeto e emoção estão em jogo, essa reação não é de surpreender. Em ambientes mais informais da vida, como entre amigos ou em casa, costumamos nos permitir maior liberdade para expressar nossos sentimentos. Já nos ambientes de trabalho, é esperado que as pessoas não extravasem suas alegrias e tristezas, gratificações e frustrações, amor, ciúme, realização e sofrimento. No caso dos educadores, essas manifestações, de certa forma, fazem parte do trabalho.

O sofrimento psicológico existe em todos os seres humanos. Às vezes, sofremos por não entender nossos sentimentos contraditórios. Outras, apenas porque adotamos um modelo ideal a ser perseguido, sobre como a vida deve ser. Buscamos o namoro ideal, o aluno ideal, a profissão ideal... Esses e outros ideais também aparecem no trabalho dos educadores.

Para melhorar a qualidade geral do atendimento à criança pequena, é necessário abordar também essas questões nos projetos de formação em serviço, de forma que os educadores possam aprender a lidar com esses dilemas no trabalho.

No meio do sofrimento dos educadores, quando se deparam com a sacola desarrumada e em várias outras situações, parece haver uma expectativa de que toda família seja como aquela família ideal que costumamos ver na tevê. Papai e mamãe se amando, ambos se dedicando aos filhos que estão sempre contentes, a casa arrumada, a mesa arrumada e todo mundo se mostrando sempre com roupas e cabelos arrumados, o rosto limpo, os dentes escovados...

No entanto, é raro conhecer uma família que seja assim, se é que existe! Minha avó já dizia: "Família é tudo igual, só muda de endereço". Com isso, ela queria dizer que toda família tem problemas, que todos os lares têm seus espaços bagunçados, mas que não ficam à vista de estranhos.

Quando penso naquela mãe bagunçada, questiono a mim mesma: faz semanas que sinto a necessidade de arrumar a minha própria bolsa e nunca encontro tempo para isso. E aquela gaveta do armário que não arrumo há mais de ano? E aquela comida que estragou na geladeira de casa? Enfim, como posso esperar do outro uma coisa que eu mesma, muitas vezes, não cumpro?

Na nossa sociedade, o ambiente familiar costuma ser um espaço privado, onde as bagunças ficam escondidas, sem que seja necessário dar muitas satisfações sobre elas. Mas quando uma criança passa a frequentar uma creche, que é um ambiente público, parte do que estava escondido em sua casa aparece lá. Muito mais gente vai passar a saber como é que a mãe lida com o filho, as roupas que ela escolhe, os hábitos alimentares; às vezes até as brigas ou desentendimentos em família ficam à vista. Situações constrangedoras podem acabar em evidência até para outras famílias, e é importante que todas as instituições de educação tenham cuidado com isso!

No fundo, a família preferiria não se ver exposta dessa maneira. Ninguém gosta de se expor assim. Mas não tem como evitar, porque na vida de todo mundo acabam acontecendo situações em que os territórios público e privado se misturam. No caso das crianças pequenas e suas famílias, os educadores precisam tomar muito cuidado para não invadir ou evidenciar desnecessariamente os aspectos privados de cada família. É muito fácil isso acontecer quando eles fazem comentários sobre a bagunça e a desorganização, sobre um certo jeito inadequado com a criança, tendo por referência um modelo de família "ideal".

Existe uma distância muito tênue entre ajudar e depreciar a família (e consequentemente a criança), conforme a maneira como os educadores vão agir com as mães que, por exemplo, não arrumam a sacola. Se esses educadores perceberem que eles também têm seus cantinhos bagunçados e olharem para as mães e para si próprios como seres humanos que, na vida fora dali, não são tão diferentes assim, talvez possam ajudar mais a diminuir os sofrimentos mútuos. As pessoas, quando estão menos sofridas, são mais abertas e solidárias umas com as outras.

Refletir sobre essas questões pode ser o primeiro passo para construir, junto com as famílias, as regras da instituição, de forma a compartilhar cuidados e educação sem precisar invadir ou esconder aspectos importantes do cotidiano, seja na instituição, seja na família.

18 • Família é coisa pra se guardar do lado esquerdo do peito

Educadores trabalham com as crianças a ideia de família.

Alma Helena A. Silva
Eliane F. Costa

Implantamos na creche o projeto *Etnias*. Ele tinha por objetivo trabalhar a identidade cultural do povo brasileiro e, consequentemente, a identidade cultural das famílias das crianças atendidas.

Desse modo, as crianças puderam ir percebendo as diferenças entre elas e seus colegas e os diferentes costumes de cada família. Puderam também perceber como essas diferenças fortalecem a identidade de cada um e ampliam o conhecimento.

Esse projeto desencadeou o desejo de trabalhar outro, sobre família. Ele foi desenvolvido com crianças de cinco e seis anos.

Iniciamos o trabalho buscando definir o termo "família" do ponto de vista das crianças e dos adultos, e também buscamos a definição dada pelo dicionário.

Fomos discutindo as definições encontradas. Uma delas é de que a família vive na mesma casa, o que abriu espaço para vários comentários:

— Na minha casa moram, eu, meu pai, minha mãe e meu cachorro.

— Na minha família tem eu, meu pai, minha mãe, meus dois irmãos e minha empregada.

— Na minha família só tem mulher! Eu, minha mãe, minha tia e minha vó.

Diante dessas e de outras afirmações, percebemos que o assunto estava interessando às crianças e que era necessário ir esclarecendo e aprofundando o tema família. Trabalhamos os conceitos de família em diferentes grupos sociais; famílias extensas, em que várias gerações convivem juntas; família nuclear, constituída apenas pelo casal com filhos; pais separados; crianças que têm meio-irmão e famílias com filhos adotivos.

A cada dia iam surgindo novos comentários. Uma frase que fez sucesso foi "ter o mesmo sangue":

— Como é ter o mesmo sangue?

— É quando o filho é de verdade, não é?

— Como assim, filho de verdade?

— Minha tia tem uma filhinha que tinha outra mãe.

— Eu já vi um menininho lá na rua, acho que ele não tinha onde morar.

— Lá em casa, moram eu e minha mãe; meu pai e meus irmãos moram em outra casa.

Para desenvolver esse trabalho, além das conversas de roda, usamos como recurso fotos das famílias, pesquisas e histórias infantis.

O que chamou bastante a atenção na realização desse trabalho foi a confiança e a intimidade das crianças para se expor no grupo e ouvir as experiências dos colegas. Muitas vezes elas interrogavam o educador para saber se, quando ele era criança, aconteceram coisas semelhantes às que elas viveram.

— Quando você era pequena, você apanhava?

— Você morava onde?

— Você tinha boneca?

Trabalhando temas como o da família, estamos trabalhando a questão da identidade, de *"quem sou eu?"*. Estamos também levando as crianças a não esconderem suas dúvidas e seus sentimentos. Assim elas exercitam a expressão e a conquista de espaço na sociedade na qual vivem.

BATATA QUENTE

CRECHE CAROCHINHA
USP Ribeirão Preto
Ano 3 N° 4 - Julho de 94

BATATA QUENTE
Creche Carochinha
USP Ribeirão Preto
Ano 3 nº 4 Julho/1994

19 • Conversas para aprender a conversar

*Falar e pensar não se aprende sozinho,
mas na interação com outros.*

**Edna Ap. A. da Costa
Laudicéia Guimarães
M. Clotilde Rossetti-Ferreira**

Estávamos sentados em torno de uma mesa, ao ar livre, com uma turma de crianças de dois a três anos, fazendo um presente para o dia das mães. E rola papo...

— Isso é barro? – pergunta Leo.

— Isso é cocô, responde Pedro.

— Isso se chama argila, diz a educadora.

— É barro? – pergunta Leo novamente.

— Argila também é barro, responde a educadora.

Enquanto iam modelando, a educadora falou:

— Sabe, pessoal, esse presente é uma surpresa pra mamãe, não pode contar pra ela o que nós estamos fazendo, só quando ficar pronto.

— Eu vou falar pra ela! – comenta Gabriel.

— Não pode. É segredo, diz Luciana.

— Isso não é segredo, é argila.

É fascinante ouvir diálogos entre as crianças. Pode-se observar como é diferente a compreensão de cada uma delas, mesmo com a mesma idade e sendo do mesmo grupo. Cada criança tem seu jeito de ser, sua individualidade. Cada uma percebe e compreende o mundo no seu próprio tempo. E enfrenta de forma diferente as novas vivências e os novos desafios.

Existem diferenças entre a fala de uma criança e de outra, pois cada uma teve oportunidades diferentes de estar em diversas situações sociais. Além disso, cada uma convive com adultos e crianças diferentes, que interagem com elas de diferentes formas, prestam atenção e interpretam de formas diversas suas falas, fornecem-lhes modelos diversos de imitação. Como, por exemplo, temos mães e pais que são mais falantes e outros menos, uns dão chance à criança de falar, outros atendem rapidamente ao primeiro gesto da criança, deixando de incentivar sua fala.

O choro é o primeiro som que a criança expressa. Ele usualmente provoca uma reação nas pessoas que a cercam, as quais respondem a ele conforme a interpretação que lhe dão. Podem achar que o bebê está com fome, e dar-lhe de comer, ou com sono, e embalá-lo para dormir, ou que está manhoso, por isso é melhor deixá-lo chorar um pouco, porque senão vai ficar mal-acostumado... Com frequência estabelecem um diálogo imaginário com o bebê, falando por ele, como se ele estivesse lhes respondendo e participando ativamente da conversa. Nesses diálogos, a criança vai sendo constituída como falante. Pouco a pouco, imitando e sendo imitada pelo adulto, ela vai assumindo um papel mais ativo no diálogo. Começa a falar por si. Inicialmente, apenas palavras que referem uma ação ou situação inteira.

Por exemplo: Pedrinho, de dez meses, entra no berçário no colo da educadora e, ao passar perto do interruptor de luz, localizado no canto da parede, aproxima seu dedinho dele e diz: — *Cendeu!*

Várias vezes ele e a mãe ou a educadora repetiram a mesma brincadeira de acender e apagar a luz, exclamando "acendeu!", "apagou!". A fala de Pedrinho, agora, relembra e busca reiniciar essa mesma brincadeira.

Nesses e em outros diálogos e brincadeiras, a criança vai construindo sua linguagem, com frases mais extensas e complexas.

A fala, portanto, não nasce com a criança. A criança nasce com a capacidade de desenvolver a fala. E esta vai sendo construída nas diferentes interações que a criança vai estabelecendo com as pessoas. Cada criança segue seu ritmo individual de desenvolvimento. Falar mais cedo ou mais tarde não significa que a criança vai ser mais ou menos inteligente ou falante.

Nessa etapa, porém, o educador tem um papel fundamental. Ele dá significado aos sons das crianças. Organiza oportunidades para elas expressarem seus desejos, suas necessidades e suas ideias sobre o funcionamento das coisas e das pessoas. Para isso, é importante que exista uma relação afetiva entre o educador e a criança. Ele deve estar sempre atento ao jeito de cada criança se expressar e buscar compreender o mundo dela.

A criança, como o adulto, pode usar a fala com objetivos diversos. O mais conhecido é o de expressar e comunicar coisas para os outros.

Mas a criança também brinca com sons e palavras, como se brincasse com uma bola. Experimenta novas combinações de palavras e explora regras de linguagem. É interessante observar que por vezes, ao desenvolver-se, a criança passa a falar errado algo que antes falava certo. Por exemplo, passa a falar "*fazi*" em lugar de "*fiz*", quando antes usava a forma correta. Regulariza assim um verbo irregular, nessa nova fase em que começa a perceber regras que regulamentam a linguagem. Antes, ao repetir palavras recortadas da fala do adulto, ela usava a forma correta.

A criança também usa a fala para pensar. A linguagem possibilita pensarmos sobre mais coisas, pois nos dá acesso a algo que não está concretamente presente, mas pode ser pensado e elaborado enquanto palavra, enquanto conceito. É interessante imaginar o pensamento como um diálogo internalizado. Quando estamos refletindo sobre uma questão, é como se estabelecêssemos uma conversa dentro de nós, imaginando as vozes de várias pessoas em interação. Ao observarmos crianças de cinco ou seis anos brincando ou fazendo uma tarefinha escolar, podemos por vezes vê-las falando alto, com seus botões. Se prestarmos atenção nessa conversinha, veremos que se trata do diálogo a que nos referimos acima. Esse diálogo vai se tornando internalizado. Como quando, em uma prova, tentamos resolver um problema recordando as opiniões dos vários autores que estudamos e estabelecendo uma discussão entre eles. Por vezes, até falamos alto, reproduzindo essa discussão!

Falar e pensar, portanto, não se aprende sozinho, mas na interação com outros. Assim, falar sobre as coisas com os outros ajuda a criança a pensar sobre elas e a desenvolver sua linguagem e seu pensamento. Nesse processo, nós, educadores, devemos buscar ouvi-las e dar-lhes oportunidades para que, brincando, explorando e interagindo, construam sua própria linguagem, cada uma a seu tempo.

20 • Olha o que eles estão falando...

*Imaginar o que as crianças estão pensando
traz novas descobertas aos educadores.*

***Ionice Oliveira
Maria A. S. Martins
Francisca F. Silva
Maria José Bernardes
Mirian de S. L. Oliveira
Regina Brunelli***

Nossa creche é linda. Tem um lago na frente, muito verde, muitas plantas. Mas aqui os dias são quentes... Foi num desses dias quentes que nossas crianças do berçário estavam eufóricas. Se elas pudessem falar, talvez estivessem dizendo:

— Será que estes adultos não vão perceber que nós estamos morrendo de calor?

— Ei, amigos, vamos tentar tirar a roupa; talvez assim eles percebam.

— Tem algum ventilador por aí?

— Pessoal, vamos para a cerquinha aprontar um berreiro?

No meio daquelas crianças eufóricas, uma delas, um pouco mais velha, saiu em disparada. E era como se elas continuassem a conversa imaginária:

— Olha lá! O que aquela mulher está fazendo?

— Você não sabe nada, hein! Lá em casa isso é mangueira para jogar água no chão!

— Não me diga que é hora da limpeza!

— Puxa, que refrescante! Que tal alguns patinhos para brincar?

— Deixa que eu seguro a mangueira.

— Não! Sou eu.

— Pára com isso, não jogue essa água assim! Deixa que eu seguro para você!

— O que ela vai fazer agora? Parece uma cachoeira.

— Eu entro primeiro.

— Vamos bater os pés?

— Não, assim espirra água em mim.

— É isso mesmo que eu quero.

— Que interessante, a água sumiu. O que vai acontecer agora?

— Não, eu não quero sair! Buá! Buá!

— Eu quero, estou com fome! Buá! Buá!

— Que pena, estava tão gostoso.

Então, a educadora fala:

— Ei, turma, vamos tomar um banho e depois comer. Amanhã a gente repete a dose!

Crianças de berçário podem brincar com água? Essa ideia era um pouco assustadora para nós, educadores. Ficamos observando cada gesto, cada expressão delas. E, ao perceber tantas emoções, repensamos e acreditamos que elas podem e devem brincar com água.

Nessa brincadeira toda, as crianças relaxaram e tiveram um momento muito rico e descontraído. Elas interagiram com novos objetos, descobriram novas sensações e habilidades.

A cada novidade elas reagem de forma diferente, descobrindo novas situações. Cada mudança no espaço muda o jeito de agir das crianças. Observando isso, acabamos por modificar nossa maneira de enxergar essas crianças.

Não é possível adivinhar o que as crianças sentem e pensam. Mas estamos procurando sempre fazer esse diálogo imaginário, como o que foi feito aqui. Esse exercício de imaginação faz parte de várias investigações que tentamos fazer no berçário. Claro que nem sempre compreendemos tudo. Mas é possível compreender a criança através de sua expressão corporal, vocalização, gestos e ritmos dos movimentos.

21 • "Roda, roda, roda, pé, pé, pé..."

Investir na conversa de roda é uma forma de lutar pela cidadania.

Alma Helena A. Silva

Atividades como brincar com pedrinhas, água e areia são importantes para o desenvolvimento infantil, principalmente na faixa etária de zero a três anos. É necessário planejar e desenvolver outras atividades, como ouvir e contar histórias, imitar animais, cantar músicas, e também as conversas de roda.

Assim, as crianças pequenas, mesmo não tendo a linguagem oral muito elaborada, conseguem contar e ouvir experiências dos coleguinhas e vão percebendo as diferenças existentes entre elas e as demais pessoas. As conversas de roda tornam-se importantes à medida que contribuem para o aumento do vocabulário, para a união do grupo e para a construção do respeito entre seus membros.

Ao perceber a riqueza desse momento, passamos a buscar meios para garantir sua existência na rotina da creche. Descobrimos duas estratégias que facilitam as conversas de roda. São elas: adotar um lugar fixo para a roda e escolher uma música convidativa para chamar as crianças.

E foi assim que adotamos um lugar e a música *"Roda, roda, roda, pé, pé, pé..."* como um convite para a roda. As crianças ouviam a música e a maioria corria e sentava no lugar combinado. Com o tempo, fomos ampliando e variando os acontecimentos da roda.

Estar na roda possibilita à criança contar as coisas que quer, dar a sua opinião em diversos assuntos e inclusive participar da organização da rotina da creche. Esse momento é significativo para ela, pois tem uma razão de ser e existir.

A princípio as rodas eram meio silenciosas. Poucas crianças falavam e, quando falavam, era tão baixinho que quase não dava para ouvir. Depois todos queriam falar ao mesmo tempo. Para conseguir falar, a criança ficava em pé e segurava o rosto do educador na direção do seu, como uma forma de se fazer ouvir primeiro e voltar a atenção do educador para si.

Por volta dos dois anos, a criança se junta ao grupo, entra em contato com o outro, vê-se como um igual e aos poucos vai percebendo suas diferenças, passando a perceber quem é ela mesma. Brincadeiras na roda podem facilitar esse processo. Vamos contar uma parte de uma dessas brincadeiras:

— Agora o carrinho vai para o motorista que está usando chinelo – fala o educador.

— É o André! – conclui uma das crianças.

— Não... É a Vanessa! – respondem as outras.

— Agora o carrinho vai para a motorista que está usando brinco de bolinha – reinicia o educador.

Nessa roda a criança pode ter a sensação de ser descoberta pelo outro ou mesmo de sentir que é dela de quem se está falando. Isso tende a aumentar a sua autoestima positiva e fazê-la sentir-se segura no grupo do qual ela faz parte.

O educador deve valorizar a fala e tentar estabelecer elos entre uma fala e outra, apoiar e estimular o diálogo entre as crianças que ainda não têm uma linguagem bem articulada.

Dessa forma, as crianças podem aos poucos ir conseguindo uma linguagem mais socializada, como acontece neste exemplo:

— Pessoal, tem uma menininha na nossa turma que cortou o cabelo... – fala a educadora.

— É eu! – diz Bia, toda contente.

— É eu! – fala Raquel, imediatamente depois.

— Vamos ver se a gente descobre quem é? – indaga a educadora.

— É eu – responde a Thais, que quase não falava. Todos olharam.

— É você mesmo, Thais, ficou muito bonito! – confirma a educadora.

— Eu choro pra cortar o cabelo – disse Thais.

— Eu também choro, dói – concorda Raquel.

— Dói, gente? – questiona a educadora.

— Nãããooo... – alguns respondem.

— É, cortar cabelo não dói, a gente corta pra ficar mais bonito e pra que o cabelo não caia no olho – fala a educadora.

— O meu pai cortou o meu – diz Gabriel.

— O Juninho cortou o meu e o do meu pai – agora é Carlinhos quem fala.

— É com a tesoura que corta – Gabriel continua o papo.

— Seu pai cortou o seu? – Carlinhos pergunta à educadora.

— Não, o meu foi cortado por uma moça que se chama Odete – responde a educadora.

Investir em conversas de roda na rotina da creche é um jeito de persistir na luta pela cidadania. Pois estar em roda requer conquistar o espaço de falar e aprender a ouvir o outro.

22 • As histórias de um contador

*Um contador de histórias educa,
socializa, informa e desperta a
imaginação das crianças na creche.*

Edna Ap. A. da Costa

No parque, no pátio, na praça, em qualquer espaço da creche. Não é preciso palco ou cenário, apenas um assento onde possamos viajar em mais um *"Era uma vez..."* Ninguém sabe de onde eu vim, como cheguei aqui, se foi de carro, avião, trem de ferro, barco ou balão. É mágico.

Enquanto conto uma história é possível perceber os diferentes níveis de emoções e participação, de acordo com a idade das crianças.

As crianças menores acreditam no que estão ouvindo como se fosse real, reagindo com a emoção de enfrentar o desconhecido misturada ao medo. Muitas vezes choram, ficam observando de longe e até pedem colo.

Estou fantasiada. Às vezes as crianças reconhecem a minha voz, ou algum detalhe que as faz lembrar de mim como educadora, mas mesmo assim entram no faz-de-conta. Elas logo reconhecem o adulto e o respeitam como se fosse a regra da brincadeira. Quem não respeita a regra é corrigido. Podemos observar isso neste episódio com crianças de três anos:

Priscila interroga:

— Ocê é Vó Benta?

Aline também tenta conhecer a regra:

— Ô, Eda, ocê...

Priscila, que já entendeu a regra, corrige Aline:

— Não, Line, a Edna é Vó Benta. Né, Edna?

Aline se corrige:

— Ah! vovó, você conta a historinha do porquinho?

Já as crianças em idade pré-escolar ficam atentas ao conteúdo e à forma da história apresentada, tendo uma postura mais crítica diante do contador: fazem piadinhas, demonstram reconhecer o contador, tentam provar suas semelhanças com o educador conhecido.

Por isso é preciso escolher muito bem as histórias, os personagens, o local, para uma dada faixa etária, lembrando sempre que a história educa, socializa, informa, aquieta e prende a atenção.

Por outro lado, uma preocupação muito grande em alcançar tais objetivos pode comprometer a espontaneidade do contador. O compromisso do narrador é com a história enquanto fonte de satisfação, tocando de perto as necessidades básicas das crianças.

Se elas escutam histórias desde pequeninas, provavelmente adquirem gosto por esse tipo de atividade. A história alimenta a emoção e a imaginação. Permite a autoidentificação, ajuda a criança a aceitar situações desagradáveis, a resolver conflitos etc. Agrada a todos de modo geral, sem distinção de idade, de classe social, de circunstância de vida.

Todos os que tiveram um contador de histórias em sua história de vida sabem o quanto ele é importante. Então, por que não sermos bons contadores na história de vida de nossas crianças?

23 • Os contos que as caixas contam

*Entender o mundo pode acontecer
através de uma caixa de história.*

**Lésia M. Fernandes Silva
Edna Ap. A. da Costa
Ana Maria Mello**

Inventar, ler e contar histórias são tarefas importantes nas creches e pré-escolas. A narrativa para crianças pequenas envolve todas as oportunidades de interação que a criança tem com seu mundo imaginário. Ouvir e ler histórias de várias formas, fazer de conta, dramatizar com fantoches as leva a apreender melhor a realidade.

O educador, o contador de histórias, deve estar atento para perceber se as histórias estão instruindo, comovendo, agradando. Saber contar histórias significa saber a quem contar, quando contar, o que contar e como contar.

O livro é um dos principais mediadores de uma história. Adultos e crianças devem ter acesso fácil aos livros. Abrir um livro é começar a sonhar, imaginar, associar e elaborar fatos da realidade. Dos livros surgem príncipes corajosos, lobos ferozes, princesas belíssimas e bruxas malvadas. Simpáticos anões ou avozinhas vivem em cenários maravilhosos de castelos distantes em reinos desconhecidos...

Para o educador variar na sua escolha de como e o que contar, podemos criar e adaptar as histórias de muitas maneiras e uma delas são as caixas. É, caixas que contam contos, caixas que contam histórias. Podem ser grandes ou pequenas. Quadradas ou redondas. Devem ter cenários coloridos, castelos e mares bravos, rios que levam a todos os lugares.

Para produzir uma caixa é preciso buscar papéis coloridos, colar retalhos de tecido, plásticos, espelhos, sementes, bolas de gude, todo e qualquer material reciclável que o educador tiver. Com esse material podemos montar um cenário dentro da caixa, o palco das ações de uma história. Ou ainda, montar uma caixa-surpresa, com objetos interessantes, feitos para serem manipulados pela turma enquanto se conta a história.

Quando pronta e só abri-la? Não. Não basta só abri-la.

É preciso um acontecimento! Às vezes cômico, outras vezes trágico, monstruoso ou até grotesco. Especialmente único, sublime! Criando expectativa sobre o que guarda a caixa, podemos gerar conflitos para as hipóteses das crianças, desafiá-las a construírem perguntas, a levantarem questões sobre os enredos, cenários e personagens.

As caixas podem ser, portanto, um recurso de mediação. A criança assim amplia o seu vocabulário, expressa as suas dúvidas, os seus sentimentos em relação ao meio social em que está inserida, permitindo a manifestação de algumas emoções, como raiva, medo e alegria. As caixas também podem ser um dos recursos para trabalhar com as crianças hábitos de higiene como escovação de dentes e o banho. Ainda possibilitam ampliar os conhecimentos das crianças sobre folclore, lendas, mitos, fábulas e contos. As caixas dão oportunidade para discutir temas variados com as crianças, mas é bom não perder de vista que o mais importante é o interesse delas na atividade.

Se entre as crianças há conversa, briga ou dispersão, é porque algo de errado está acontecendo na escolha do contador. Para saber se está comovendo, agradando as crianças, é fácil: basta olhar para os pequenos ouvintes. Eles deixam transparecer claramente o interesse com que compartilham dos contos que também as caixas contam.

> *Este trabalho se insere dentro de um projeto chamado "Narrativa na Creche Carochinha". Foi iniciado em 1988, quando inauguramos nossa biblioteca "Arco-íris". Atualmente, desenvolvemos uma Oficina na qual trabalhamos, na prática, conceitos ligados a essa experiência. Ela também está registrada em um vídeo utilizado na formação de educadores de creches e pré-escolas. Outro vídeo que trabalha com narrativas é "Creche e Letramento: começando o narrar". Para solicitar nossos vídeos veja, ao final do livro, as* **Sugestões de Leituras***.*

24 • Rótulos, embalagens & cia.

Ler rótulos ajuda na aprendizagem da escrita.

Eliane F. Costa
Rosana Stella
Silvana Januário
Thais Helena Ferreira

Temos o hábito de ler histórias, poesias, gibis e artigos em roda. Isso tem despertado nas crianças não só o gosto pela leitura, como também um grande interesse pelas diferentes linguagens como: escrita, plástica, dramática, faz-de-conta e outras.

Aproveitamos um momento em que uma turma de pré-escolares estava envolvida com essas atividades e introduzimos na programação o trabalho com rótulos e embalagens para nos apropriarmos melhor dessas linguagens.

As crianças encontraram no trabalho com rótulos uma outra oportunidade de interagir com a linguagem. Os rótulos são interessantes, seus *slogans* (frases que reforçam a propaganda) são textos simples, criados para facilitar a memorização visual; com isso, as crianças gostam de repeti-los, usam e abusam deles, brincando e adaptando-os a várias situações.

Mesmo as crianças que ainda não aprenderam a ler reconhecem o nome de certas marcas de produtos, por verem várias vezes em propagandas de TV, rádio, *outdoor* (painel de propaganda ao ar livre) e outros. Elas são capazes de repetir as frases que normalmente acompanham os produtos, pois já haviam relacionado a imagem do produto com a frase memorizada.

O interesse das crianças pelos rótulos tem ajudado no processo de aprendizagem da escrita. Além disso, é possível explorar os rótulos através de:

• **leitura visual:** identificando a estética dos rótulos e embalagens, suas cores, formas e tamanhos;

• **leitura sensorial:** um rótulo provoca certas sensações, como por exemplo, o rótulo de um sorvete geralmente dá vontade de tomá-lo, ou o de uma paisagem dá a impressão de se estar num lugar parecido com o da embalagem;

• **leitura sonora:** os rótulos trazem à nossa lembrança as rimas que os acompanham, seus *slogans*, seu *jingle* (mensagem publicitária musicada);

• **aspecto comunicativo e funcional:** qual é o produto desse rótulo, quem o fez, quais os tipos de propaganda utilizados (são de boa qualidade, enganosas ou o quê?);

• **aspecto gráfico:** qual é a imagem do rótulo, o desenho das letras, os números que aparecem, as receitas, os tipos de textos etc.;

• **aspecto simbólico:** os rótulos podem passar mensagens claras ou mensagens que, sem que se perceba, transmitem certos valores que alguns grupos de pessoas querem que as outras pessoas tenham. Quando se lê um rótulo, é importante estar atento ao que sua mensagem provoca, no sentido de discutir os valores que o produto quer passar. Isso é fundamental para o processo de significação e representação do rótulo.

A leitura de rótulos foi uma experiência muito significativa para todos nós. O resultado? Muita participação através de ideias, sugestões, enriquecendo cada vez mais o nosso trabalho.

25 • "Vamos na biloteca?"

*Educadores de creche oferecem
às crianças pequenas atividades para
que elas tomem gosto pelo livro.*

**Francisca S. Souza
Ana Maria Mello**

Muitos pais e educadores nos perguntam como uma criança pequenina, de um ano e meio, consegue concentrar-se ouvindo histórias, abrindo livros e revistas. Vamos contar para vocês o caminho que percorremos para isso.

Primeiramente usamos revistas, brincamos, dançamos com papéis coloridos, folhas grandes e pequenas. Depois dramatizamos pequenas histórias na biblioteca da turma, em curtos momentos de concentração. Em pouco tempo surgem os personagens prediletos e, no segundo semestre, aparecem os grandes amigos imaginários...

Para desenvolver essa atividade, fomos persistentes e utilizamos algumas estratégias: escolha adequada dos livros, manutenção e organização dos livros na biblioteca da turma, utilização de fantoches e de "caixinhas-surpresa" que contam histórias. Usamos fantasias de fadas, bruxas, bonecas etc. Estes e outros recursos foram muito importantes para o sucesso do trabalho.

No final do ano, os pequenos começaram a visitar a Biblioteca Central da Creche, com muita agitação e alegria, pois um grande personagem lá nos esperava: *a cobra Formosa*. Formosa foi acariciada demoradamente. Pulamos, brincamos com ela e logo depois... "senta que lá vem história". Foi assim que conseguimos motivar crianças tão pequeninas a folhearem livros e entrar no mundo da fantasia de uma forma muito gostosa.

Através desse trabalho, as crianças lidam com seus medos, angústias, e também com suas alegrias. E para adentrar neste mundo os pequenos persistem dizendo:

— Vamos na *biloteca*?

— Vamos pra *biteca*?

— Vamos pra biblioteca?

26 • Rito literário

*Rito literário é um projeto de
bibliotecas com pré-escolares.*

Alessandra L. F. Giovani
Eva Agassi

Crianças de cinco e seis anos participam do *Rito literário*, nosso projeto de bibliotecas de turma. Vamos contar para vocês um pouquinho do que estamos fazendo para incentivar nossos leitores mirins.

A princípio nossa preocupação foi apresentar todo tipo de material que havia na biblioteca. As crianças já gostavam muito de ler e abrir um livro, resultado de experiências anteriores na creche e com as famílias.

Iniciamos o trabalho explicando às crianças as diferenças dos diversos tipos de material. Por exemplo, para que serve uma enciclopédia, um jornal, uma história, uma poema, um cartum e tantas outras formas de escrita. Depois explicamos a elas como funcionava a Biblioteca Central da creche. Por que organizamos as bibliotecas desta forma? Para que servem as cores colocadas nos livros e prateleiras? E os números? Os títulos? Os autores?

Durante todo o ano fomos manuseando jornais, revistas, gibis, poesias. Quando chegamos para trabalhar na sala, com nossa biblioteca setorial, o *rito literário* já possuía um pequeno conjunto de cerimônias estabelecidas e conhecidas por todos nós.

Com visitas quinzenais à Biblioteca Central, escolhíamos os nossos livros, gibis, jornais, para levarmos à sala. Semanalmente também fazíamos o empréstimo individual.

Estava assim montada a nossa ciranda dos livros. Foram necessárias algumas estratégias, como, por exemplo, o "ajudante especial". Ele é uma criança da pré-escola que a cada semana assume essa atividade. A sua função é organizar o empréstimo individual e coletivo, observar os livros danificados, a falta de cartões, recolher as carteirinhas e livros e conferi-los no início de cada semana. Portanto, o ajudante foi muito importante para a construção da rotina da biblioteca.

Após algumas semanas, muitas crianças já associavam certas letras do título escrito no cartão com o livro emprestado e travavam discussões até chegarem à conclusão de qual cartão "morava" dentro do livro.

Uma outra estratégia especial foi o "sorteio dos quatro". Sorteávamos quatro crianças que tinham a tarefa de contar as histórias que levaram para casa.

Percebemos que a cada mês a qualidade das diferentes histórias apresentadas foi se ampliando, fruto de modelos dos educadores, dos adultos em casa e também das outras crianças. Era visível o resultado das interações entre elas e delas com os adultos.

Dessa maneira construímos nosso *rito literário* e hoje sabemos que as crianças da creche, além de gostarem de ler, sabem escolher, olhar e criticar cada história, gibi, poema...

> *Cada sala de turma tem uma pequena biblioteca, um canto de leitura. Há também uma principal, a Biblioteca Central. Nela, está a maior quantidade de material. Entre a Central e os cantos de leituras é feito um rodízio, mantendo sempre novidades nas salas.*
>
> *A biblioteca da creche tem um sistema de empréstimo de livros para as crianças. Elas podem levá-los para casa aos finais de semana.*

27 • Poesia: a rima no trabalho com a linguagem

Crianças pequenas em contato com a poesia aumentam suas experiências afetivas e cognitivas.

**Árthemis Sepentzoglou
Alessandra L. F. Giovani**

Deixar a brincadeira fazer parte do trabalho de aquisição da língua escrita não é só um ingrediente saboroso, como também necessário. É na literatura infantil que encontramos nossos maiores aliados, os personagens que encantam nossos ouvintes. E quando esse trabalho é feito com rimas, ele se torna ainda mais atrativo.

Nas rimas encontramos estruturas que auxiliam no processo de construção da linguagem oral e escrita, através da repetição de sons. Isso possibilita às crianças brincar com as palavras e ao mesmo tempo enriquecer seu repertório. A linguagem poética é capaz não só de despertar o interesse das crianças, como também de auxiliá-las na aprendizagem e no uso de novos significados.

A partir disso, aproveitamos a preferência e o entusiasmo demonstrados por um grupo de crianças na faixa de cinco anos por livros de rimas. O prazer de ler, ouvir, escrever e interagir com textos capazes de nos emocionar tem sido uma das razões que nos levam a desenvolver com as crianças em idade pré-escolar o trabalho com poesia. Estruturamos inúmeras atividades nas quais exploramos vários conteúdos, mas principalmente a aquisição da língua escrita.

A poesia vem nos aproximando de uma linguagem afetiva, rítmica, e tem despertado o lúdico, a imaginação e a fantasia, elementos importantes para o desenvolvimento.

As crianças se identificam com a poesia, pois ela dá a oportunidade de brincar com o jeito formal de escrever e falar. Hoje podemos encontrar uma série de produções poéticas que valorizam a estética da língua. Isso possibilita a exploração da palavra em diversos sentidos: escritos de trás para frente, na vertical, na diagonal e em forma de desenhos etc. Essa exploração lúdica leva a criança a experimentar as regras formais sem medo. E atrai as crianças, que adoram descobrir e experimentar novas formas de expressão.

Outra razão por que consideramos importantes os textos poéticos são as novas possibilidades que eles oferecem quanto à exploração e à utilização da língua enquanto instrumento de expressão e de interação.

Quando lemos um texto a respeito do menino que tinha "vento nos pés" ou o "olho maior que a barriga" não é sem motivo que muitas crianças acham graça; outras tentam imitar corporalmente e outras exigem do parceiro, adulto ou criança, maiores explicações.

A poesia também representa valores sociais, históricos e culturais, contextualizando as experiências de um determinado momento de vida.

Desse modo, quando trabalhamos com a poesia na creche evitamos a memorização mecânica de textos ou sua simples interpretação. Mas com as leituras e escritas de textos poéticos buscamos oferecer às crianças cada vez mais experiências afetivas e cognitivas. A poesia leva-nos a conversar, explorar ritmos, sonoridades, desenvolver a sensibilidade, fazer descobertas, perceber o mundo através das relações do imaginário e do real, relacionar significações e assim adquirir conhecimentos da linguagem escrita e do mundo.

Para realizar esse trabalho é necessário que o educador também aprecie o poema, selecione textos de qualidade adequados à idade das crianças, planeje e organize espaços e situações que favoreçam essas ações.

28 • Faz-de-conta, por quê?

A linguagem do faz-de-conta, elemento básico do trabalho psicopedagógico na educação infantil, é discutida.

**Edna Ap. A. da Costa
Lésia M. Fernandes Silva
Cândida Bertolini
Lucimeire Ap. Coelho**

Faz-de-conta é para a vida inteira. Quantas vezes, nós, adultos, não fazemos de conta que já realizamos algum sonho? A criança "faz de conta" com espontaneidade, experimentando com o próprio corpo. A partir de uma certa idade, o faz-de-conta vai se sofisticando. Usa mais a imaginação que o corpo.

Por volta de um ano, a criança começa a reproduzir, imitar ações e situações que ela mesmo vivenciou, ou que observou outros fazendo.

Experimenta ninar a boneca, levanta a camiseta para dar de mamar ao ursinho, dá de comer ao adulto que está lhe dando de comer, provocando risadas em quem assiste. "Re-apresenta" com o próprio corpo cenas já vivenciadas ou observadas.

Sabe-se que esta é uma das formas de a criança explorar o que vivenciou, procurando compreender o que aconteceu ou como as coisas se dão, tanto afetiva como cognitivamente. Dessa maneira, ela se apropria das coisas vivenciadas. Ela as internaliza, torna-as suas.

Apenas a criança humana é capaz desse feito. Outros animaizinhos não. É a capacidade simbólica humana, sua capacidade única de fala, a qual é construída nos diálogos estabelecidos com a mãe ou familiares, desde o início da vida. O "fazer de conta que uma coisa é outra" torna-a capaz de transformar um pedaço de pau em um cavalo de montar, em uma espingarda ou, ainda, numa boneca que ela enrola em um pano e embala, para dormir.

A criança consegue, assim, imaginar que uma coisa pode funcionar como outra. Um chocalho pode ser uma colher. Um lápis, um microfone. Brincando, experimentando diversos modelos, a criança vai atribuindo ao objeto diversas funções, desenvolvendo sua criatividade e fantasia. A caixa pode ser mesinha, armário, chapéu ou um cofrinho. Quanto mais experiências diferentes, mais passeios, músicas, histórias, pinturas, mais rico será o universo de seu faz-de-conta.

No início a criança imita ações mais simples, que o adulto se diverte em lhe ensinar: bater palminhas, dar tchau, por exemplo. Bebês de um mês ou dois têm sido observados imitando o adulto que mostra a língua à sua frente. Mas é interessante observar que o adulto também imita frequentemente o bebê, sem nem perceber. Imita seus movimentos de boca ao alimentá-lo, ou repete seus balbucios, estabelecendo assim um diálogo com o bebê. Servir de espelho para o outro é uma maneira importante de relacionamento, em que a ação de cada um adquire um significado especial, compartilhado entre ambos.

Pouco a pouco, com o desenvolvimento da linguagem e a maior habilidade de planejar, o faz-de-conta fica mais complexo. A criança torna-se mais capaz de informar o parceiro da brincadeira sobre o papel que ela está assumindo, capaz de montar um cenário, assumir um personagem, manter um tema coerente etc.

Aqui estão duas crianças de dois anos e meio:

Beatriz — *Manhê, eu vô tabaiá. Cadê minha chave?*

Helena — *Você quer uma mamadela?*

Beatriz — *Não, manhê. Eu não mamo, eu tabaio. Tchau.*

Beatriz já tem a linguagem do fazer-de-conta mais estabelecida que Helena. Esta não percebeu as dicas dadas por aquela durante a cena, então Beatriz reforça seu papel de moça.

•••

Brincando, a criança entra no mundo imaginário onde ela é a autora do seu *script*. Quando diz: "Faz de conta que eu sou o motorista", ela passa a ser o motorista naquele momento. Ela pode entrar na fantasia, experimentar outros papéis, criar outros temas e cenários. Mas ela sabe que ela é uma criança e não um motorista. Na hora em que ela acabar a brincadeira, ela volta à realidade.

Experimentando a linguagem do fazer-de-conta, a criança vai dominando o mundo, compreendendo como ele é. Isso se dá tanto concreta quanto simbolicamente. *"Vamos fazer de conta que eu ia ao supermercado."* Nessa brincadeira, a criança paga as compras e trabalha com a compreensão concreta da realidade. *"Faz de conta que você é a bruxa malvada."* Nesta, a criança trabalha o significado da maldade, numa compreensão simbólica.

No faz-de-conta a criança aprende a dominar regras, trabalhar suas emoções, seus medos. Ela experimenta diferentes papéis. Geralmente escolhe aqueles que são os mais próximos do mundo que a cerca. Passa a assumir um desses papéis, então pode entender o que ele é e o que faz. "Faz de conta que eu sou médico. Vou sarar seu nenê."

É por tudo isso que um dos referenciais mais importantes no nosso trabalho pedagógico é o fazer-de-conta. É através dele que avaliamos o desenvolvimento das crianças de um a quatro anos. Observando o brincar das crianças, acreditamos ser possível compreender seu processo de socialização.

29 • O poder de um avental

*O educador aproveita o faz-de-conta e
exercita com as crianças a construção da
autonomia e o fortalecimento da identidade.*

Alma Helena A. Silva

Numa tarde ensolarada, uma turma de crianças de cinco a seis anos brincava embaixo de uma árvore, quando de repente Aline, uma criança da turma, chega e diz à educadora:

— Alma, deixa eu pôr seu avental?

— Deixo, mas se você colocar meu avental, você passará a ser eu e eu serei você, tá bom?

E assim fizeram. Desta vez não existia apenas uma troca verbal. Existia também um objeto que, de certa forma, parecia comprovar o trato entre a criança e a educadora, fazendo com que a fantasia se aproximasse do real. Esse era o poder do avental.

Não demorou muito e algumas crianças chegaram dizendo para a criança-educadora:

— Aline, você agora não é mais a Aline?

— Claro que não, você não está vendo o avental? – responde Aline toda cheia de si. — Ela agora é que é a Aline – apontando o dedo em direção a Alma, a educadora.

— Você agora é a Aline? – perguntou uma criança à educadora.

— Sim, eu sou a Aline – respondeu Alma.

Olhando para a criança-educadora, Rafael e Eduardo investigam:

— Uééé... mas você é grande? – Rafael pergunta a Aline, vestida de avental.

— Vai ver que ela encolheu! – conclui Eduardo, aceitando o tamanho de Aline no papel de educadora.

A partir do momento em que as crianças encontraram uma justificativa, de que a educadora era a criança e vice-versa, a brincadeira tornou-se perfeita, e o grupo pôde experimentar situações nesse faz--de-conta.

A mãe de Sara veio buscá-la. Logo que a mãe percebeu a troca de papéis ela também entrou na brincadeira.

— E aí, tudo bem com minha filha? – perguntou a mãe de Sara à criança-educadora.

— Tudo bem, viu? Tá tudo certo com ela – respondeu Aline, cumprindo muito bem seu papel.

Durante a brincadeira, algumas crianças chegaram até a criança-educadora com queixas do tipo:

— Oh, ele não quer deixar eu brincar ali...

— Péra, péra aí, que eu vou falar com ele – respondia Aline com postura de adulto.

Em alguns momentos como esse, a criança-educadora se via atrapalhada! Depois de várias tentativas de solucionar a questão, buscava um escape:

— Você quer seu avental? – dirigindo-se a Alma, a educadora, na tentativa de se livrar do problema.

— Ô, Bárbara, você quer pôr o avental um pouquinho? – querendo jogar o poder do avental para outra coleguinha.

— Eu não! – respondeu Bárbara.

Chegou um momento da brincadeira em que a criança-educadora quis dar uma passeada.

— Ô, Aline, eu vou beber água, viu? – disse Aline, dirigindo-se à educadora no seu papel de criança.

— Você vai deixar a turma sozinha sem avisar ninguém? – diz Alma, alertando Aline de sua função.

A criança-educadora vai até a outra educadora e diz:

— Ô, Alessandra, eu vou beber água, você olha a turma pra mim?

E lá se foi ela toda sorridente, com seu avental azul.

Quando ela voltou, Thiago entrou no jogo de uma forma diferente, como se estivesse querendo testar as duas educadoras, a criança e o adulto. Thiago começa a fazer umas artes desafiadoras, que certamente Alma, a educadora, não o deixaria fazer. Aline, a educadora-criança, procura encontrar saídas, mas a arte de Thiago continua. Ela não dá conta do recado.

Enquanto isso, Alma busca resolver a questão sem comprometer a brincadeira. De repente, ela olha para o avental azul que Aline usava e eis a solução!

Então Alma diz para Aline:

— Ô, Alma, deixa eu usar seu avental?

E foi assim que Alma retornou ao seu papel de educadora e Aline ao de criança.

Esse jogo possibilitou ao grupo experimentar uma relação diferente com a criança-educadora. Ela imitava o adulto, criava situações novas, exercitava a construção da autonomia e o fortalecimento da identidade. Para a educadora, a experiência permitiu que vivesse o papel da criança e também que pudesse se ver através da representação da criança.

A brincadeira de faz-de-conta acontece frequentemente; basta observar as crianças. A situação vivida por esse grupo nos chama a atenção para a importância do exercício de se perceber um ao outro e para os diferentes modos de pensar e agir. Tudo isso envolve afetos, chateações, realizações, frustrações e outros sentimentos que precisam ser trabalhados, para que se desenvolvam relações sadias e de cooperação.

30 • Criança fazendo arte

*A arte é uma forma de a criança entrar
em contato consigo e com o universo.*

**Cleido Vasconcelos
M. Clotilde Rossetti-Ferreira**

Acho interessante pensar que a criança vai fazendo o que quer, quando faz arte... Partindo dessa ideia, quando desenvolvemos algum trabalho artístico com elas é sempre bom deixá-las seguirem seus próprios caminhos. Porém não devemos nos esquecer que a arte se faz presente como linguagem. Trata-se de um produto das relações do homem com o meio, desde as primeiras manifestações gráficas nas grutas pré-históricas.

Os temas a serem trabalhados pelas crianças quando fazem arte podem ser sugeridos das mais diferentes maneiras. Passeios variados, visitas a exposições, museus e artistas ou, melhor ainda, artistas e artesãos vindo visitar a creche ou pré-escola para compartilhar com as crianças sua arte. Também o contato com livros e vídeos sobre artistas, museus ou obras de arte, que podem ser vistos ou folheados individualmente ou em grupo, enriquecem e ampliam a imaginação e a criatividade das crianças. Conhecer as várias artes que os homens fizeram e produziram através da história, aprender a respeito dos trabalhos de arte de diferentes grupos brasileiros, pode ser uma maneira interessante de integrar as diferentes aprendizagens que a criança tem na creche. Interessante também é conhecer as produções artísticas de seu próprio grupo cultural, de seus familiares e vizinhos, convidando-os por vezes para que venham encontrar, conversar e até trabalhar com as crianças, ou que enviem sua produção para elas verem. Isso pode ser uma forma gostosa e efetiva de promover as relações com as famílias.

À educadora cabe organizar o espaço, diversificando superfícies e locais, deixando vários materiais e instrumentos disponíveis. Pode introduzir algumas ideias e algumas técnicas de mistura de tintas e materiais. No fundo, sabemos que quando têm liberdade e recursos, as crianças fazem o que gostam de fazer. Por vezes algumas regras se fazem necessárias para otimizar o uso do material.

Nosso papel fundamental passa a ser, a partir disso, o de um parceiro de interação, num trabalho cujo principal objetivo é o próprio processo de fazer, de brincar, de pintar, de rabiscar, de sugerir... E cujo principal produto é também o próprio processo de criar e fazer junto, de abrir um espaço gostoso de convivência e parceria. Porque é neste interagir, nesta emoção compartilhada, que acontece o desenvolvimento tanto da criança, quanto do educador.

Nós podemos nestas brincadeiras artísticas partilhadas, por exemplo, pedir às crianças para que desenhem, inicialmente com giz de cera, o lugar em que elas estão. A pintura pode ser individual ou coletiva, em várias folhas ou num papel bem grande estendido no chão. Algumas coisas que existem neste lugar, e que poderiam ser desenhadas, são lembradas pelas crianças, pois fazem parte do seu mundo. Outras são lembradas e fazem parte do mundo da educadora. Depois damos para elas tintas diluídas e pincéis para colorirem o desenho que fizeram com o giz. A tinta bem diluída em água não encobre as áreas desenhadas pelo giz e realça ainda mais o desenho inicial. Quando procuramos, nesses desenhos, com os olhos do coração, encontramos mamães, papais, educadoras, árvores, bruxas malvadas, colegas, carrinhos, aviões, foguetes, lobos maus e mais um montão de coisas que podem existir neste lugar.

Nós, adultos, ficamos então olhando para os desenhos, admirando--os e construindo explicações. Mas aqui vai um aviso: devemos ter sempre claro que objetivos, explicações e definições são palavras que fazem parte do mundo dos adultos e portanto só interessam aos pais, aos professores e aos educadores. Já para a criança, o que importa é criançar, ou melhor dizendo, ser criança.

Fazer arte pode envolver também pinturas em que a criança usa os dedos, as mãozinhas, os pés ou cotovelos. As descobertas, sensações e emoções são muitas. Para isso pode-se usar tintas guache misturadas com farinha de trigo, o que lhes dá maior consistência. E o material a ser pintado não precisa reduzir-se a folhas de papel. Pode-se usar a própria fórmica da mesa, ou caixas variadas de papelão, caixas de ovos e até construir bonecos, carrinhos e robôs e pintá-los, que o prazer é imenso!

Mesmo crianças bem pequenas, de dois anos ou menos, adoram mexer com cores e massinhas feitas de farinha, água, sal, pó de tártaro e anilinas de bolo. Daí, se lamberem os dedinhos e experimentarem o gosto, não tem importância alguma. Observem sua alegria, quando lhes permitem ajudar a fazer e enfeitar os bolos de aniversário!

Trabalhos com argila ou massinha de modelagem podem ser feitos com crianças um pouco mais velhas, de dois anos e meio ou mais. Eles permitem experiências interessantes e divertidas e conversas deliciosas.

Por vezes permitem até a exploração de partes do corpo humano ou de animais, com as crianças aproveitando para satisfazer uma curiosidade que por vezes tem dificuldades para expressar ou explorar de outras maneiras.

Enfim, a arte deve ser privilegiada nas instituições infantis, propiciando às crianças contato consigo mesmas e com o universo que as rodeia.

31 • A música na Creche

*Trabalho com música ajuda a criança
pequena a desenvolver-se e socializar-se.*

Mirian de S. L. Oliveira
Maria José Bernardes
Marta A. M. Rodriguez

Crianças em torno de um ano e meio, embora falem como gostaríamos, se comunicam e se expressam através de movimentos, sons e ritmos. Esses pequeninos adoram ouvir música e demonstram grande satisfação com o canto dos pássaros, das cigarras, dos grilos...

Sabemos que, para eles, a convivência com os diferentes sons e ruídos é muito importante, pois traz novas descobertas e, com elas, o conhecimento e a exploração do diferente, do novo.

A primeira descoberta dos sons e do ritmo se dá através do próprio corpo e do ambiente ao redor. Como o ser humano é um ser criativo, ele vai rompendo continuamente os esquemas repetidos das experiências anteriores e vai explorando novos caminhos.

Os sons da natureza, com seus diferentes ruídos, dão muito prazer às crianças. Já o barulho de um avião, de um carro ou de uma sirene chama a atenção de uma forma diferente, muitas vezes incômoda. Mas todas essas experiências ampliam o repertório de linguagem e sentimentos.

Ao ouvir os diversos sons, a primeira coisa que os pequeninos fazem é escutar com muita atenção e, em seguida, vem a tentativa de imitação. Com grande surpresa e alegria, cada um tenta reproduzir o que ouviu. Acompanhar uma música juntamente com os colegas também ajuda a criança a sentir-se pertencendo ao grupo.

Quando um educador seleciona algumas canções para trabalhar com as crianças, é importante que ele ofereça a elas um repertório variado, pois cada região do Brasil tem suas músicas típicas, que foram influenciadas pelas várias culturas que compõem o nosso país. Temos uma diversidade enorme de instrumentos e ritmos. Apresentando às crianças essa riqueza musical, estamos despertando nelas respeito pelos colegas de outras regiões e curiosidade pelo novo.

Quando a criança escuta uma música, ela se concentra e tende a acompanhá-la, cantando e fazendo movimentos com o corpo. Isso desenvolve o senso do ritmo nos pequeninos. Aprendendo a ouvir, a criança pode repetir uma música, recriando-a. É importante que nós, educadores, valorizemos o ato de criação da criança, para que ele seja significativo no seu contexto de desenvolvimento.

Portanto, cabe ao adulto, um dos maiores modelos de imitação da criança, ser criativo e crítico na escolha do que apresentar a ela, garantindo que o trabalho seja interessante para ambos.

32 • Gerando problemas

Educadores brincam com histórias e jogos para ensinar matemática às crianças de quatro a seis anos.

Alessandra L. F. Giovani

Ensinar matemática significa, entre outras coisas, gerar problemas.

Problemas para a criança e para o educador. Como trabalhar o raciocínio lógico com um grupo de crianças de quatro a seis anos de idade?

Em busca de solucionar este problema de um jeito interessante para elas, trabalhei com a história do índio Kikiô do livro *A construção do número: uma proposta para o professor*.

Kikiô teve que enfrentar um problema sério. As matas de sua tribo estavam sendo destruídas e ele tinha que proteger os animais.

Então ele resolveu que iria levar os animais para uma aldeia vizinha, onde os invasores não teriam possibilidade de chegar com suas máquinas, serras etc. Para isso, ele precisava contar cada bicho, para saber quantos animais teria que transportar.

Mas Kikiô não tinha aprendido a ler e escrever e isso dificultava as coisas. Propus então que as crianças procurassem soluções para ajudá-lo.

A euforia foi geral. Elas deram sugestões, começaram a surgir conflitos e imediatamente todas queriam dar opinião para ajudar o curumim. Apareceram ideias como estas:

— Ah, já sei, é só levar a gente na floresta para ajudá-lo!

— E se a gente amarrar os bichos uns nos outros...

Meu objetivo nesse momento era fazer com que as crianças pudessem formular hipóteses sobre o problema. Então, comecei a desafiá-las para que elas correspondessem quantidades entre dois conjuntos diferentes sem usar os números.

Assim, elas poderiam chegar a essa relação, que se chama "correspondência biunívoca".

Novas ideias das crianças foram surgindo:

— E se o Kikiô levar um por um...

— E se, pra cada bicho que o Kikiô levar, ele colocar uma pedrinha em um saquinho? E quando o desmatamento acabar, ele volta para buscar os bichos. E pra cada um que encontrar, joga a pedra fora.

— E se sobrar alguma...

— É que algum bicho sumiu!

Essa foi a ideia que nos pareceu mais lógica.

Então, a partir dessa sugestão, iniciamos uma série de exercícios.

Montamos uma maquete da floresta, uma imitação em miniatura. Nela as crianças experimentaram a solução encontrada. Elas levaram os bichos de uma floresta para outra, fazendo o uso das pedras para controlar a quantidade de animais.

Registramos em forma de desenho as brincadeiras na maquete.

Criamos problemas para as crianças resolverem, usando pedrinhas, palitinhos e feijões como recurso. E contamos com elas os pontos ganhos nos jogos, como no de boliche, por exemplo.

Esse foi um trabalho de matemática que deu um trabalhão... e muito prazer. As crianças conseguiram problematizar e resolver aspectos da lógica matemática brincando com histórias e com jogos. Isso dá muita alegria para a criança. E para nós, educadores, também.

33 • Minhocoscópio

*Crianças de três anos observam minhocas:
um estímulo para fazer ciência.*

**Eva Agassi
Eliane F. Costa
Grace M. T. Abrahão**

É encantador pensar que a partir dos três anos a criança pode construir um trabalho tão lindo como esse que nós vamos contar para vocês.

Discutindo com o grupo sobre o que apresentar na Feira Anual de Ciências da Creche, Moira disse:

— Meu pai cria minhoca.

— Pra que minhoca? – perguntamos.

— Pra afofar a terra e ver as plantas crescerem.

O grupo ficou então interessadíssimo em conhecer as minhocas.

Percebendo essa motivação, decidimos convidar Carlos, pai da Moira, para explicar tudo sobre minhoca. Como ela vive, respira, como é seu sexo e as possibilidades de criação de minhoca em cativeiro.

Decidimos, então, construir um minhocário.

O Tiago disse que seu pai sabia onde encontrar bastante minhocas. Pedimos a ele que nos trouxesse um pouco.

Dito e feito. No dia seguinte Tiago trouxe várias minhocas e... mãos à terra!

Construímos um minhocário. Estamos tentando desenvolver uma criação de minhocas para obtermos humo, terra rica em micro-organismos.

Aí veio uma outra ideia: fazer um minhocoscópio. Pusemos terra num aquário de vidro vazio, para observar o trabalho realizado pelas minhocas. Ficou muito legal. Dá para ver os vários túneis que elas fazem e que facilitam a entrada do ar e da água que sustentam a planta.

Com a experiência do minhocoscópio, as crianças montaram uma história com o nome de "O jardim das minhocas". Animadas com as recentes descobertas, as crianças vivem cantando:

— A minhoca é mole, mole, muito mais que mole...

Uma pesquisa puxa a outra. O minhocário e o minhocoscópio estão nos incentivando a cultivar plantas medicinais. E planta medicinal será um dos conteúdos desenvolvidos nas nossas pesquisas a respeito dos índios. Existem muitos assuntos para a Feira de Ciências, não é mesmo?

34 • A história do menino que engoliu um corpo estranho

Educadores promovem atividades psicopedagógicas para prevenção de acidentes na creche.

Judith Ramos
Silvana Januário

Durante o processo de desenvolvimento da criança, ela procura compreender o que significa seu corpo e quais são as suas funções, fazendo experiências consigo mesma. Ela quer saber o que pode fazer com o seu corpo.

Algumas dessas experiências e brincadeiras podem proporcionar prazer e aprendizagem. Outras, quando a criança não sabe e não toma cuidado, podem resultar em pequenos acidentes, por vezes provocando danos à saúde.

Muitas vezes o acidente ocorre seja pela vontade de experimentar da criança, seja pelo fácil acesso a objetos perigosos deixados por nós em lugares inadequados. Sabendo desses riscos constantemente presentes, nós, educadores, sempre discutimos sobre o assunto.

Mas não é fácil saber o que fazer. Como agir para evitar os riscos a que a criança está sujeita? Buscando uma ação, começamos a promover algumas atividades psicopedagógicas.

Iniciamos o trabalho com os grupos da pré-escola. Utilizamos exemplos de casos ocorridos com duas crianças do próprio grupo. E durante as conversas na roda, os olhinhos das crianças brilhavam e algumas perguntas surgiam:

— Mas o que vai para a barriga não sai pelo cocô?

— Quantos buracos a gente tem no nosso corpo?

Começamos então a analisar as partes e as funções do corpo, e com a ajuda de radiografias, livros etc., desenvolvemos um trabalho que nos trouxe resultados gratificantes.

— Ah, eu sei o que é isso, é uma fotografia do corpo.

— Na minha casa tem um monte delas. É da minha avó.

E diante desse objeto tão atraente para as crianças, todos tentavam descobrir que parte do corpo a radiografia representava, gerando um grande entusiasmo para a colocação de perguntas, respostas, hipóteses, comparações de tamanho, semelhanças e diferenças das crianças entre si.

A partir dessas discussões e descobertas, elaboramos uma história: "O menino que engoliu um corpo estranho". Para isso utilizamos desenhos e colagens. As crianças chegaram às seguintes conclusões:

— Não pode engolir coisas que não pode.

— Onde já se viu colocar brinco e pedra na boca?

— Já pensou se tivesse ido pro pulmão?

— Não pode pôr terra na boca, prego, areia e pedra.

Foi muito rico, para nós, perceber que as crianças incorporaram a ideia que queríamos passar. Falar "não pode" nem sempre dá resultado. Quando a criança descobre que não pode através de experiências que não oferecem perigo, ela passa a aprender sem precisar correr tantos riscos.

35 • Linha de produção Arco-Íris

*Crianças da pré-escola compreendem ideias
sobre higiene pessoal, química e vendas na
criação de uma linha de produtos de beleza.*

**Alma Helena A. Silva
Eliane F. Costa**

Nada melhor que adotar medidas preventivas para se ter saúde. E foi na batalha pela prevenção que trabalhamos com a turma de crianças de seis e sete anos.

Discutimos muito sobre a importância do banho, da lavagem de mãos, do corte de unhas e cabelos, exercícios físicos e uma boa alimentação. Resolvemos divulgar o resultado desse trabalho através de teatro e de uma exposição sobre objetos de higiene pessoal, como pentes, escovas de dente, chuveiro etc.

Durante a realização desse trabalho, era muito comum ouvir comentários como estes:

— Olha minha mão, você está vendo algum micróbio?

— Não pode ficar com as unhas compridas para não acumular sujeira embaixo delas.

— Minha mãe tem unha curtinha, mas meu tio tem unha grande, eu já falei pra ele...

— Olha só, eu me esfreguei bastante no banho, até meu pé ficou branquinho, não é?

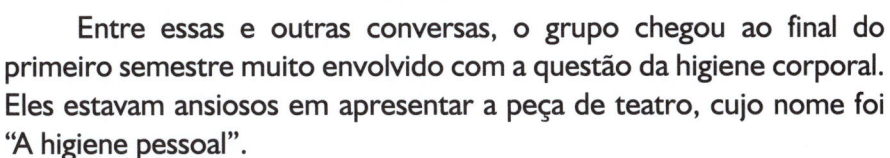

Entre essas e outras conversas, o grupo chegou ao final do primeiro semestre muito envolvido com a questão da higiene corporal. Eles estavam ansiosos em apresentar a peça de teatro, cujo nome foi "A higiene pessoal".

Logo no início do segundo semestre iria acontecer a Feira Anual de Ciências da Creche. Então, tivemos uma grande ideia! Por que não fazermos produtos de higiene pessoal para apresentar na feira? E a ideia iluminou a criançada:

— É mesmo!!! Puxa, que ideia fantástica!!!

— Xampu também?

— Perfume! Oba!

E foi assim que partimos em busca de receitas, dicas com alguns químicos e verbas para a compra dos recipientes e de alguns reagentes.

A expectativa de poder ver os produtos prontos foi enorme, tanto por parte das crianças como dos adultos.

Nossa primeira produção foi o sabonete, que, aliás, acabou virando sabão para lavar tênis.

Durante a mistura dos reagentes, explicamos às crianças o perigo de um produto chamado soda cáustica. Dissemos que era muito forte, e que corroía o lugar em que caísse; por isso, só os adultos poderiam mexer no produto, e com muito cuidado. Quando o sabão ficou pronto, as crianças fizeram a seguinte associação:

— Nossa! Se no sabão vai soda e a soda come tudo, se a gente usar o sabão, a gente vai sumir.

Depois do sabão, fizemos o perfume, o creme hidratante, o xampu e, por último, o sabonete líquido.

O nome que as crianças escolheram para a linha de produtos foi *Linha Arco-íris*, e a perfumaria na qual os produtos foram expostos recebeu o nome de Perfumaria Primavera.

Durante a feira as crianças trabalharam como vendedores. Ofereciam um pouquinho do hidratante para que os frequentadores experimentassem. Além de experimentarem o creme, os visitantes recebiam gentilmente um brinde: um pedaço do sabão para lavar tênis e a receita dos produtos.

Na semana seguinte à feira, cada criança levou para casa o seu kit contendo xampu, creme hidratante e perfume.

De vez em quando as crianças traziam os produtos para serem usados no banho, e quando o educador sentia o cheiro dizia:

— Nossa! Que cheiro de perfume!

— Sou eu. Estou usando o perfume Arco-íris...

CRECHE CAROCHINHA
USP Ribeirão Preto
Ano 4 Nº 6 - Julho de 1995

Batata Quente

ONDE ESTÁ O BATATA?

ONDE ESTÁ O BATATA?

CULTURA AFRO

ONDE ESTÁ O BATATA?

BATATA QUENTE
Creche Carochinha
USP Ribeirão Preto
Ano 4 nº 6 Julho/1995

36 • Banho: que delícia!

Num banho bem organizado pelo educador, a criança brinca, aprende e constrói bons hábitos.

Laudicéia Guimarães

Hora do banho: educador de creche sabe como isso é difícil. Como dar banho em onze crianças, em uma hora, com dois chuveiros, num lugar fechado, geralmente quente, de uma maneira gostosa? Eu me via sem respostas.

Então, começamos a planejar esse momento, transformando-o numa atividade lúdica e de aprendizagem. Nosso principal objetivo era organizar o ambiente de modo a promover a autonomia das crianças, brincadeiras e prazer, ao invés de mordidas e choros. Para isso organizamos um espaço interativo.

E o banheiro se transforma em floresta, castelo encantado, piscina, quadra de esportes para competições na hora de se trocar, salão de cabeleireiro, loja de roupas... mas é claro que nem sempre são usados esses recursos de faz-de-conta. Muitas vezes um banho fica gostoso só com músicas, com todo mundo falando baixinho para ouvir uma história enquanto se trocam, lendo gibis, ou nos chuveiros externos durante o verão, apelidados aqui de cachoeiras.

Geralmente, quando pensamos em banho, logo vem a imagem do cuidado. Mas esse é também um momento de construção de hábitos, em que as crianças se trocam sozinhas e algumas regras são trabalhadas, como guardar a roupa suja no saquinho, organizar a mochila etc.

Nesse momento, é importante a ajuda de outro educador. Ele deve ficar com as tarefas que envolvam participação no banho e no brincar das crianças. Ao educador do grupo cabe coordenar a organização, na medida em que ele conhece os objetos pessoais e as diferenças de cada criança.

É bom lembrar que não existe receita ideal para o momento do banho. Cada grupo é único e com características próprias. Cabe ao educador avaliar qual o melhor tipo de organização e ir mudando, conforme as crianças vão se desenvolvendo e podendo enfrentar novos desafios.

37 • Bolhinhas de sabão...

O banho das crianças nas creches

Ana Maria Mello
Telma Vitoria

Tomar banho parece ser um assunto que não carece de nenhuma reflexão, não é mesmo?

Todos sabem que tomar banho é importante para a higiene pessoal, para prevenir doenças e promover a saúde. Banho também refresca, relaxa e dá prazer!

Quem nunca ouviu histórias sobre os europeus fugirem de banho ou histórias sobre a Índia e seus banhos coletivos, no meio das praças públicas? Quem não ouviu falar de tribos indígenas que tomam longos banhos de ervas em seus rituais? Quem não ouviu falar do famoso Banho Nupcial, que as ciganas dão na noiva?

A frequência do banho está relacionada com a temperatura de cada região do mundo. A temperatura influencia os hábitos de banho, mas a crença e a cultura vão construindo uma história do banho para cada povo.

A frequência, o objetivo e a forma como se toma banho variam de povo para povo e marcam diferenças culturais. O banho muda também de família para família. Na creche isso fica evidente.

Mas será que as creches devem dar banho?

No Brasil observamos uma série de práticas distintas em relação ao banho nas creches.

Nas regiões em que as estações do ano são frequentemente quentes os educadores devem dar mais banhos e organizar os espaços externos para as crianças brincarem mais na água. Já nas regiões em que o inverno é mais rigoroso os adultos oferecem menos banhos ou não preveem banhos em suas rotinas e planejamentos.

Oferecer ou não banhos nas instituições infantis envolve aspectos como: temperatura, condições de equipamento, quantidade de chuveiros, a necessidade que a criança tem do banho, o que depende também das condições de moradia familiar. Cada casa e cada região diferem quanto aos recursos básicos que possuem. Ter banho na creche pode ser uma grande ajuda para a família quando não se conta com água encanada e esgoto nas casas da comunidade.

Devemos considerar também que cuidar e educar crianças pequenas, em tempo integral, envolve necessidades diferentes conforme a faixa etária.

Como organizar banhos na creche?

Para as crianças até dois anos é necessário prever banheiras e bancadas ou mesas de troca na altura ideal de trabalho para os adultos.

Chuveiros adequados para a quantidade de banhos, vasos sanitários adaptados para a eliminação de resíduos e fezes das fraldas, são indispensáveis para essa faixa etária.

A ventilação deve ser adequada para a temperatura de cada região: um banheiro mais aberto para regiões quentes e mais fechado para as frias.

Entre os dois e três anos as crianças já devem ter conquistado maior autonomia para se movimentar e iniciar o uso de sabonetes e esponjas sozinhas. Nessa fase, a criança ainda está aprendendo a controlar seu xixi e cocô e a fazê-los sem sujar a roupa. Podem acontecer situações em que, mesmo tentando, ela não vai conseguir. Por isso, aumenta a necessidade de banhos.

A criança maior de três anos já consegue se organizar para o banho. Temos observado várias crianças tomando banho em grupo, adquirindo hábitos de higiene. Elas até ajudam umas às outras. Arrumam sua sacola e roupas, separando-as, trocando-as com os amigos. Também chamam a atenção do colega para lavar melhor alguma parte do corpo. Nessas ações e interações, as crianças buscam e revelam alguma autonomia. Muitas conversas são compartilhadas nestes momentos que, mesmo na creche, são de maior intimidade. Nessas oportunidades, os educadores devem promover um ambiente acolhedor que respeite aspectos individuais das crianças, apoiando-as em sua busca de autonomia.

É nesta fase que identificamos a resistência de algumas crianças para irem tomar banho. Muitos pais e educadores reforçam esse comportamento quando insistem em chamá-la para o banho prometendo castigo ou prêmio. Esse comportamento não significa que a criança não gosta de tomar banho. É comum assistirmos uma cena de resistência acompanhada de um banho demorado da criança. Essa resistência, em geral, passa rapidamente quando o adulto não valoriza tanto essas reações. Devemos lembrar que birras de crianças para não tomar banho ou choros de outras para não sair do banho são muitas vezes provocados pelas interações com os adultos.

Para dar banho nas crianças é necessário, no mínimo, organizar as rotinas e o ambiente para facilitar todo o processo, possibilitando um relacionamento fácil entre as crianças e o adulto.

O educador fica, assim, mais disponível para coordenar o processo todo, dar banhos mais demorados na criança pequena que necessita de ajuda, respeitando a individualidade de cada um na medida do possível.

Banhos coletivos ou individuais?

Nas creches e pré-escolas, os banhos coletivos devem ser dados desde muito cedo. A partir dos sete meses as crianças já têm condições de se banhar em bacias ou piscininhas rasas. Chuveiros e torneiras com mangueiras são recursos que podem ser colocados nos parques e pátios trazendo prazer e diversão nos dias quentes.

A questão polêmica sobre separar meninas e meninos na hora do banho deve ser discutida com os educadores e famílias. Em nosso ponto de vista, isso não é desejável. Em várias culturas o banho coletivo é um hábito. A malícia é algo que a criança aprende com o adulto, não sendo um comportamento próprio dela. Por outro lado, ter a oportunidade de descobrir as diferenças físicas entre meninos e meninas pode ser um momento rico para a aprendizagem. O confronto entre os sexos e as perguntas que surgem podem fazer parte dos projetos psicopedagógicos dos educadores, na hora do banho.

Para os banhos na área interna e para banhos individuais precisamos pensar em banheiros equipados, coloridos, que sejam cenários para ações e brincadeiras diversas. A herança do modelo escolar nas instituições infantis tem causado desacertos. A construção de banheiros projetados para crianças maiores de sete anos, observada até em prédios de construção recente, causam um aumento no tempo de espera das crianças e dificultam o trabalho do educador no atendimento às necessidades individuais dos pequenos.

O banho pode ser facilitado e enriquecido, oferecendo brinquedos, potes de diversos tamanhos, buchas variadas. Podem ser organizadas algumas brincadeiras com bolhinhas de sabão, livros de plástico, retalhos de tecidos etc.

Assim, a criança pode aprender hábitos de higiene e desenvolver sua autonomia, com o prazer de um banho agradável e sem pressa.

38 • "Comer, comer... comer, comer... é o melhor para poder crescer..."

*Dando mais autonomia para a criança comer,
o adulto enfrentará menos resistência.*

*Débora Cristina Piotto
Marisa Vasconcelos Ferreira
Rosa V. Pantoni*

Todos sabem como a alimentação é importante. Ela é fundamental para nos manter vivos, para nos manter com saúde. É essencial para o bom desenvolvimento do homem.

Se queremos que uma criança se desenvolva, é preciso que ela se alimente bem. Então, o que devemos fazer quando ela não quer?

Podemos distraí-la? Negociar seria uma saída? Que tal chantagear? Em último caso, vale forçar?

Comer é mais que comer

O homem, ao contrário dos outros animais, não come somente para matar a fome. Come para estar com amigos. Para festejar, fechar negócios, despedir-se. O homem também come para cultuar. Exemplo disso são os católicos, que celebram Cristo recebendo a hóstia. Em cada uma dessas situações, a comida nos ajuda a estar com os outros. A comida tem, pois, um significado social.

Para a criança pequena, também é verdade. Logo ela descobre que comer é uma maneira de se relacionar com os outros. E não comer faz parte disso. A criança percebe a tensão que gera nos adultos quando não come. Pode, então, usar isso como forma de protestar, expressar sua insatisfação. Ou ainda, como forma de garantir a atenção do adulto.

Mas nem sempre a criança deixa de comer por essas razões. Às vezes está mais agitada. Em outras, anda meio longe, distraída. Importante é saber que seu organismo é capaz de regular as variações. Se ela não comer a quantidade costumeira naquela refeição, irá comer um pouco mais em outros momentos. Essa regulação só não funciona em casos muito especiais. Quando a criança está com problemas de saúde, por exemplo. A diferença individual entre as crianças também deve ser levada em conta. Algumas comem, costumeiramente, mais que outras.

A comida vai adquirindo significado social ao mesmo tempo em que é uma explosão de formas, sabores, texturas e cores. A vontade da criança de pegar, olhar, sentir, cheirar, faz o contato com a comida virar uma festa. Festança para uns, bagunça para outros. Na nossa pressa, muitas vezes, achamos que essa exploração da comida não passa de uma grande confusão. Acabamos tão irritados com a sujeira que dificilmente a deixamos comer só, atividade que a criança gosta de fazer.

Mas deixá-la comer sozinha, e de qualquer jeito, também não é a solução. A criança pode ir experimentando comer sozinha, contando, se necessário, com a ajuda de um adulto. É a oportunidade de treinar o domínio sobre os talheres e sobre os movimentos necessários para usá-los. Aos poucos ela também vai aprendendo como se comportar para comer. A criança deixa de ser passiva e torna-se ativa no processo. A aquisição dessa independência é parte importante do desenvolvimento.

Comendo feliz

Ao ajudar a criança a comer, dando a autonomia que é possível para sua idade, a interação com o adulto será mais satisfatória, diminuindo os eventos de protesto e birra. A tensão do adulto também diminui e, então, poderá ser mais fácil para ele perceber o que a criança já consegue fazer. A criança acaba por sentir a maior disponibilidade do adulto, o que facilita ainda mais este momento. Acaba a necessidade das chantagens, das ameaças e dos apelos emocionais. Estratégias que podem funcionar de vez em quando, mas acabam por fracassar ao longo do tempo, pela própria insatisfação que geram na criança.

Ao perceber que a criança é capaz de sentir-se satisfeita, mesmo tendo comido pouco, estamos aceitando que ela consegue decidir o momento de parar de comer. Aceitar que ela pare de comer é aceitar que ela vá tendo maior autonomia sobre suas ações. E aceitar também que, nem sempre, o que julgamos ser o melhor para a criança é realmente o melhor. É saber que nosso desejo sobre a criança tem um limite — o limite que a criança coloca. Nós também aprendemos com as crianças. E quanto mais rápido aprendermos que não podemos tudo sobre ela, melhor será para ela e para nós.

Educação alimentar: um trabalho conjunto da creche e da família

A alimentação faz parte do processo educativo e é uma parte importante do desenvolvimento infantil. O processo educativo e o desenvolvimento infantil acontecem continuamente. A alimentação, então, não pode ser pensada somente dentro de casa ou somente dentro da creche. A creche e a família devem pensar juntas sobre a alimentação da criança. Caso contrário, o resultado não será dos melhores.

Se a criança apresenta alguma dificuldade no processo de construção de hábitos alimentares saudáveis na creche ou em casa, significa que o trabalho conjunto está com problemas. Mas o fato de a criança estar apresentando a dificuldade somente em um lugar não quer dizer que este lugar seja o responsável por não trabalhar corretamente a questão. O problema não está na creche ou na família. Está, sim, no trabalho conjunto de creche e família. Trabalho que está pedindo mais atenção de todos.

O importante é que a creche, a família e a criança podem fazer das refeições momentos prazerosos e de grande integração entre cuidado e educação.

39 • Bem-vinda, Dona Maria Chicória

Como despertar o interesse em crianças que apresentam um repertório alimentar restrito.

Edna Ap. A. da Costa
Laudicéia Guimarães

A alimentação na creche é de qualidade, bem preparada e oferecida num lugar gostoso, que favorece a aceitação dos alimentos. Mas, mesmo assim, observamos que as crianças de dois a três anos costumam comer pouco. Isso ocorre porque nessa idade a criança já apresenta uma possibilidade de relacionar determinados alimentos a determinados sabores, de que gosta ou desgosta, mesmo sem experimentar.

Além disso, frequentemente a criança escolhe a comida não por causa do sabor. Às vezes ela quer ou não o alimento por causa de alguma outra característica dele, como cor ou forma. Outras vezes, ela o quer ou não, porque relaciona o alimento com alguma experiência que viveu. Por exemplo, não chupa laranja porque um dia chupou uma que estava azeda, ou adora tal marca de refrigerante porque a propaganda é bonita.

Portanto, durante as refeições, a criança seleciona o alimento, seja pelo sabor, seja por outras características, ou pelas experiências que ela relaciona com ele. Então, deixa alguns alimentos ou até mesmo a refeição toda no prato.

Com nossa turma de dois a três anos não aconteceu diferente. Muitas crianças estavam recusando a alimentação e nós, educadoras, já estávamos ficando angustiadas. Aqui vão trechos de algumas conversas:

Edna: — Come, Rafael, só um pouquinho!
Rafael: — Não, não quero, tá muito amarelo.

Laudicéia: — Come, Viviane!
Viviane: — Não, não gosto, ela é muito chata.
Laudicéia: — Quem é chata?
Viviane: — Essa comida.

Laudicéia: — *Mas você nem experimentou!*
Viviane: — *Ah! mas eu não quero não!*

Edna: — *Come, Felipe, eu te ajudo, tá?!*
Felipe: — *Não, minha mãe ajuda lá eu.*

Laudicéia: — *Lucas, come só um pouquinho, come!*
Lucas: — *Não, eu já comi na minha casa.*

Gabriel: — *Você é meu amigo?*
Tiago: — *Sô!*
Gabriel: — *Então não vamo comê não?*
Tiago: — *Tá bom. Tó meu prato.*

Observando os colegas, Caio fala:
— *Tó meu prato, não quero mais também.*

Nessa situação, ficamos angustiadas e nos perguntamos: afinal, por que será que as crianças não comem, já que a comida na creche é sempre saudável, colorida, com gostos e consistências diferentes e atraentes?

Essa ansiedade, porém, não é apenas nossa, das educadoras, mas também das famílias. Quando trabalhamos com crianças pequenas, como nesse caso, é muito comum as famílias apresentarem interesse por esse assunto. Algumas vezes elas questionam se a creche está trabalhando bem na tentativa de alimentar a criança. Na maioria das vezes, a primeira pergunta que o pai, a mãe ou outros familiares fazem quando retornam à creche, no final da tarde é: Comeu? O que comeu? Quanto comeu? Em algumas situações, as educadoras ficam inseguras, e o assunto "alimentação" também é motivo de conversa, não só no final da tarde pelos pais, mas também no início da manhã, quando os educadores perguntam aos pais se as crianças comeram bem em casa. Então algumas crianças passam a perceber que chamam a atenção porque não comem.

Diante disso, as educadoras, juntamente com a técnica de nutrição, avaliaram quais crianças não estavam comendo bem e que tipo de alimento era mais rejeitado. Planejamos algumas ações a serem desenvolvidas junto às crianças. Então decidimos utilizar alguns recursos do teatro.

Criamos a Maria Chicória, um adulto fantasiado, que começou a enviar algumas cartas e bilhetes para as crianças e também passou a fazer algumas visitas à creche. Durante as visitas, numa espécie de teatrinho, Maria Chicória contava para as crianças algumas histórias do "Mundo dos alimentos". Falava também de algumas preocupações e queixas apresentadas pelos legumes, verduras e frutas. Coisas do tipo: "Algumas crianças não têm nos experimentado por não gostarem da nossa cor, ou do nosso formato ou por causa do nosso tamanho; assim, como poderão gostar da gente?" Dentre os recados tivemos, como exemplo, o do Senhor Mamão, pedindo para Maria Chicória explicar para as crianças que ele é uma fruta rica em vitamina e é muito boa para deixar os cabelos bonitos. Tivemos também uma dica dos Senhores Limão e Abacaxi: disseram que, apesar de azedos, podem se tornar sucos muito gostosos quando misturados com um pouquinho de água e açúcar, sendo muito bons para acabarem com as gripes e resfriados que deixam as crianças doentes.

Nesse processo, as crianças ficaram interessadas pelas novidades da dona Maria Chicória, curtiam muito suas histórias, ficando atentas para as observações-e-informações trazidas pelas verduras, pelos legumes e pelas frutas. Uma atividade também muito envolvente foram as visitas de alguns alimentos, que Maria Chicória apresentava na roda: as crianças podiam pegar, falar a respeito das suas impressões, ouvir o ponto de vista dos alimentos e confrontar com os seus.

O trabalho com alimentação representa muito mais que o simples ato de comer. Nós nos preocupamos com a construção de hábitos alimentares saudáveis, de forma lúdica e prazerosa. Procuramos trabalhar preventivamente e relacionar diversas áreas, como a psicopedagogia, por exemplo. O trabalho de nutrição nas creches não consiste apenas em fazer um cardápio adequado às necessidades nutricionais, mas também em acompanhar o desenvolvimento dos hábitos alimentares de cada criança.

40 • Trabalhadores da limpeza e cozinha também são educadores

Trabalhadores da limpeza e cozinha são educadores porque interagem com as crianças.

Luis Ribeiro

Na Creche Carochinha, educador não é apenas a pessoa que lida diretamente com as crianças, nem só as que são responsáveis pela "turma", mas cada um dos trabalhadores em suas diferentes funções. Um bom exemplo é Isaura Borges do Santos, quase 50 anos de idade, 14 de creche e uma das cinco pessoas responsáveis pelo setor de limpeza. "Somos educadores porque interagimos com as crianças", afirma. "Estou aqui desde o começo. No início, criamos uma rotina de trabalho que não funcionava muito bem. Depois fomos adaptando, e há muito tempo temos o mesmo método, que é o de não atrapalhar o horário da criança. E o serviço tem que ser feito."

A rotina da limpeza começa bem cedo. Isaura e Rosana Cristina Amparo da Cunha chegam às 6h15 e dão uma arrumada nas salas. Ana Maria Ribeiro chega meia hora mais tarde e entra na mesma toada das outras duas. Existem, também, os dias de faxina em setores determinados, quando é feita uma limpeza mais detalhada, que ocorre geralmente pela manhã. Durante o restante do dia, é feita a "manutenção". O banheiro, por exemplo, é o que requer mais atenção, sendo visitado pelo pessoal da faxina várias vezes ao dia. Manter a limpeza para 150 crianças e 48 funcionários espalhados por 1500 m², divididos em 40 cômodos, exige uma boa dose de organização e conhecimento. Isaura e Rosana contam, ainda, com o apoio de Reginalda M. Garcia, responsável pela lavanderia.

"Aprendemos muito aqui, principalmente nos treinamentos. É preciso saber como lidar com as crianças. Não podemos chegar gritando e dizendo que 'assim não pode', é preciso conversar", conta

Isaura, acrescentando que no início existia um certo clima de bagunça entre as crianças e que os treinamentos foram acertando as formas de lidar com isso. "Quando cheguei aqui não tinha nem noção do que era uma creche", confessa. Outro aspecto destacado pela experiente Isaura é o respeito e o carinho adquirido com as crianças. "Neste ponto os educadores ajudam bastante." Ela lembra também a importância da segurança com os produtos de limpeza: "Estamos sempre atentos, não podemos deixar esses produtos ao alcance das crianças; eles ficam trancados nos armários. E na lavanderia, criança só entra com adulto. Nunca registramos acidentes na nossa área", completa com orgulho.

Mas quem pensa que a rotina da limpeza é rígida e monótona se engana. "Quando chove temos que mudar tudo e, se sobra um tempo, até brincamos com as crianças no pátio. Parece que voltamos um pouco a ser crianças", conta Rosana. "É desgastante, mas é gratificante. No refeitório, por exemplo, você entra três ou quatro vezes por dia. Entre uma limpeza e outra a gente também participa dos momentos de refeição das crianças, auxiliando-as nas suas necessidades", conclui.

Cozinha também é educação

O pessoal que trabalha na cozinha é outro bom exemplo de que, mesmo numa função auxiliar, exerce papel de educador. "A partir do momento em que você está interagindo com a criança, você também é um educador. Temos as mesmas atenções que o educador que está com a criança", afirma a cozinheira Sueli Aparecida Pinto dos Santos, outra veterana de creche, também com mais de treze anos de trabalho com as crianças. Para preparar as refeições, ela conta com a ajuda de dois auxiliares, Maria Aparecida da Silva (Cidinha) e Marcos Renato Gomes. São servidas quatro refeições diárias: café da manhã, almoço, lanche da tarde e jantar.

"O cardápio foi criado por uma nutricionista, mas as crianças opinam, pedem, questionam, têm o lado crítico. A gente negocia", conta Sueli.

O trabalho da cozinha também é todo organizado. A Sueli fica com a parte de preparo e pré-preparo. A Cidinha fica com a parte de sucos, verduras e auxílio geral. O Marcos serve as mesas e faz a manutenção de pia. "A faxina na cozinha é por nossa conta, somos uma equipe", frisa Marcos.

Para as crianças que têm menos de um ano e meio, o pessoal da cozinha prepara apenas as papinhas. O leite fica por conta da lactarista Antonia Francisca Crispim Luiz.

Para aquelas entre um ano e meio e três anos, o pessoal da cozinha faz o prato, e o "ajudante do dia" (uma das crianças da turma) ajuda a colocar nas mesas.

A partir dos três anos, as crianças começam a comer no sistema *self-service*. "As travessas com comidas são colocadas nas mesas.

O ajudante do dia também dá uma força", conta Marcos, que dá assistência para as quatro turmas, que almoçam em dois horários e somam quase 80 crianças. "Também fico incentivando a criança a comer e não dispersar", enfatiza Marcos, afirmando que, apesar das conversas e brincadeiras, em grupo as crianças comem mais.

Sueli faz questão de frisar que as crianças da Carochinha são exigentes e participativas. "A criança tem livre acesso à cozinha, quando tem adulto por lá. Às vezes elas chegam e comentam sobre o cheiro do bife ou da pipoca, mas também questionam e reivindicam certas comidas."

Além do cuidado diário com a aparência, gosto e cheiro dos alimentos (sem esquecer da qualidade, é claro), a Carochinha desenvolve projetos especiais, levando, por exemplo, as crianças para a cozinha para prepararem algum prato. "Acho muito interessante quando a criança ajuda a confeccionar um alimento. Ela participa desde a receita, da confecção, e depois vê o produto pronto. Nessas horas, existe muito companheirismo e interação entre a gente e elas."

Outro projeto que envolve toda a creche é a *Feira de Alimentos*, que existe desde 1989. Para Reginalda, que trabalha na lavanderia, mas que já passou pela cozinha, a Feira traz oportunidades de aprendizado para todos. A lactarista Antonia Francisca concorda. "Conhecemos cardápios novos e aprendemos sobre nossa cultura", conclui.

Consciente do papel de educador, o pessoal da cozinha não tem se limitado aos treinamentos da Carochinha para aprimorar seus conhecimentos. Os três — Sueli, Cidinha e Marcos — fizeram o supletivo de ensino fundamental e estão cursando o ensino médio, em projetos desenvolvidos pela própria USP. Sueli conta que resolveu voltar a estudar, também para poder acompanhar a educação dos filhos. Dois já passaram pela creche. "Eu construí minha história aqui dentro. Tenho uma ligação muito forte com relação a estas crianças", completa Marcos.

Ouvindo os relatos de Isaura, Rosana, Aninha, Crispim, Sueli, Reginalda, Marcos e Cidinha fica evidente a necessidade de se integrar as ações de cuidado e educação no dia-a-dia das crianças.

Esse desafio pode ser conseguido considerando o papel educativo exercido por cada um dos funcionários e realizando formação em serviço.

41 • Dona Escova e Comadre Alice

*A linguagem dramática auxilia a criança
a incorporar hábitos de higiene.*

Marlene Felomena Mariano do Amaral

Era uma vez um país chamado "Reino do Faz-de-Conta". Lá viviam Dona Escova e a Comadre Alice. Dona Escova era alta, esguia, com cabelos de cerdas, muito zelosa de sua aparência. Comadre Alice também era vaidosa, preocupada com a higiene bucal e muito falante.

O rei gostava muito do trabalho delas. Gostava muito de creche também. Tanto, tanto, que resolveu lançar um desafio para as duas:

— Muito bem, muito bem, vocês vão até a Creche Carochinha e lá vão fazer um trabalho igual ao que vocês realizaram aqui. Quero que as crianças de lá escovem os dentes como as crianças daqui, está bem?

Elas disseram que sim e ele falou:

— Muito bem, muito bem, podem ir.

Ao receberem essa missão, as duas ficaram muito preocupadas e começaram a refletir:

— Ih, como é que a gente vai chegar lá? – perguntou a Dona Escova.

— Será que eles falam igual a nós? – disse Comadre Alice.

— Meu medo é as crianças serem meio chatas! – falou a Dona Escova.

— Vai ver que nem têm dentes... – suspirou a Comadre.

Uma olhou para a outra e, apavoradas, disseram juntas:

— Será que vamos conseguir?

Dia após dia, surgiram mais e mais perguntas. Se elas não conseguissem o rei ia ficar uma fera. Elas não sabiam direito como ia ser. Nunca tinham ouvido falar dessa creche. Zanzando igual barata tonta, não sabiam se deviam ficar felizes com o desafio do rei ou tristes e com medo de dar tudo errado.

De repente Dona Escova começou a pular de felicidade:

— Comadre Alice, em vez de ficarmos aqui com todas estas dúvidas, vamos logo para lá. Se der certo, deu. Se não der certo, a gente explica pro rei e ele vai entender!!!

Ainda com medo, Comadre Alice disse:

— Vá você primeiro e veja como é lá, depois volte e me conte.

Na verdade, o que ninguém sabia é que, apesar de falante e vaidosa, a Comadre Alice era muito tímida e por isso estava com medo de visitar aquela tal creche.

Então, Dona Escova pegou sua malinha e foi até a Creche Carochinha. Chegou toda sem jeito... Desconfiada, querendo saber tudo a respeito de tudo. Olhou as crianças... Passeou pelo parque, andou pelas salas, ficou vendo a cara de todo mundo para descobrir se as crianças tinham dentes e se eram legais. Aí, depois de muito passear, chegou aos banheiros. Ficou quietinha, parada na porta, olhando. Ela descobriu que entendia o que as crianças falavam. Descobriu também que elas brincavam e sabiam escovar os dentes. E que eram muito legais.

Só que a Dona Escova percebeu que algumas crianças escovavam os dentes de uma forma que podia machucar as gengivas. Outras escovavam sem machucar, mas os dentinhos não ficavam bem limpinhos. Outras, ainda, se esqueciam de escovar também a língua.

Dona Escova descobriu que ela e Comadre Alice poderiam ajudar numa porção de coisas. Ela ficou muito empolgada com a nova missão e retornou rapidinho ao Reino do Faz-de-Conta. Queria contar, tintim por tintim, todas as novidades que descobriu.

Chegou toda esbaforida ao reino. Entrou na casa da Comadre Alice gritando:

— Comadre Alice! Comadre Alice! Venha, sente-se, preciso lhe contar!

Assim, após horas e horas ouvindo o que ia contando a Dona Escova, Comadre Alice tomou coragem e disse:

— Pois bem, na próxima vez em que você for a essa Creche Carochinha vou também.

Daí em diante, as duas passaram a visitar constantemente a Creche Carochinha.

Cada vez que iam à creche era uma festa. Passado algum tempo, o rei chamou as duas para conversar. Dona Escova estava tranquila, mas a Comadre Alice... tremia de medo. Quando chegaram lá, o rei mandou trazer um presente para as duas. Era um presente lindo, mas que só elas podiam ver. O rei disse:

— Vocês estão indo muito bem! As crianças estão escovando os dentes muito bem também! Muito bem, muito bem... Vocês estão muito bem. Venceram o desafio.

Mostrando-se muito satisfeito com elas, o rei, que tinha mania de falar "muito bem", enviou Dona Escova para uma nova missão.

A Comadre Alice continua até hoje indo visitar a Creche Carochinha. E ela leva escovas novas, ajuda na escovação e conta histórias de como é o reino dela.

• • •

Durante o processo de ensino de qualquer hábito de higiene, corre-se sempre o risco de se fazer apenas um "sermão", introduzindo as regras sem dar às crianças a oportunidade de experimentar as sensações e as dificuldades que fazem parte desse aprendizado.

Nesse caso, podemos recorrer à narrativa. Aqui, optamos por apresentar dois personagens, pois a história fica mais rica e prende mais a atenção das crianças. Dona Escova é um fantoche feito com papelão, espuma e palitos de fósforo. Tem a forma de uma escova gigante. A auxiliar de enfermagem da creche representa o papel da Comadre Alice. Apresenta-se vestida em tons suaves e alegres. A ideia é chamar a atenção das crianças para aspectos como organização e limpeza. O fato de serem personagens de modalidades diferentes, um fantoche e um humano, acaba tornando a história mais interessante.

As visitas da Comadre Alice acontecem para as crianças entre 18 e 36 meses. A Comadre apresenta as escovas para cada criança, acompanha o movimento que cada criança faz e dá orientações utilizando os recursos da narrativa. A criança desta idade necessita de um atendimento mais particularizado. Conversas pacientes e repetitivas e a necessidade da criança de realizar imitações imediatas acabam exigindo ações compartilhadas entre um personagem que possa voltar mais vezes à creche (como é o caso da Comadre Alice) e o educador responsável pelo grupo. O educador ora auxilia as crianças a formularem suas perguntas, ora auxilia a Comadre Alice a coordenar a atividade, ressaltando trechos da fala da personagem. Para que a parceria se desenvolva a contento, é necessário que o educador e a auxiliar de enfermagem planejem juntos a atividade.

Em geral, as crianças sempre se mostram muito receptivas ao personagem. Por vezes, tocam suas vestimentas; em outras, imitam seus movimentos ou então ficam procurando descobrir quem está por trás da fantasia. Não é raro ver as crianças que têm por volta de três anos brincarem com o faz-de-conta da Comadre Alice.

Tentamos, no trabalho com personagens, permitir que as crianças sejam agentes de seu próprio desenvolvimento. Assim, elas realizam as atividades de forma autônoma, mas com a atenção e o respeito ao ritmo de cada uma. O educador contribui assim para a construção de hábitos saudáveis, que, com certeza, serão de fundamental importância no decorrer da vida de cada criança.

42 • Controle de esfíncteres

Creche e família juntas educam o controle do xixi e do cocô e a aquisição de hábitos de higiene.

Lúcia Vaz de Campos Moreira
Telma Vitória

O xixi e o cocô são as primeiras produções independentes da criança. A princípio, ela pode expressar o maior orgulho dessas produções, quando percebe que foram feitas por ela!

É interessante observar que cada cultura, cada grupo social, considera o fazer xixi e cocô de formas diferentes. De acordo com os costumes da comunidade, podemos observar variações, por exemplo, quanto aos hábitos, ao local etc. Em alguns grupos, podemos ver que há uma maior tranquilidade no que diz respeito ao tempo que a criança vai levar para adquirir o controle dos esfíncteres, quer dizer, o controle da bexiga e do intestino.

Em geral, em nossa sociedade, o adulto transmite à criança, desde cedo, a ideia de que as fezes e a urina são coisas sujas. Muitos adultos não compreendem a expressão da criança que parece perguntar alegremente: "Isso saiu de mim?" A atitude da criança que, feliz, esfrega suas produções no berço ou no chão é considerada nojenta e até agressiva.

Considerando nossas regras sociais, é necessário um processo de educação do controle do xixi e do cocô, isto é, ela precisa aprender a fazer suas necessidades no lugar certo, sem se sujar. É importante fazer com que esse processo ocorra de forma tranquila para a criança, senão, ela poderá sofrer com isso e apresentar outros tipos de problemas no decorrer do tempo.

Durante o tempo em que está aprendendo a controlar os esfíncteres, a criança está construindo sua autoestima, desenvolvendo uma boa relação com o seu corpo e, consequentemente, consigo mesma.

Sendo assim, qual a melhor época para se iniciar a educação do controle do xixi e cocô? Mais importante do que a idade da criança, são as capacidades que ela precisa desenvolver para iniciar esse processo. Essas capacidades são:

• perceber sua necessidade de fazer xixi e cocô e saber comunicá-la ao adulto;

- conseguir adiar essa necessidade, mesmo que por poucos instantes;
- controlar a musculatura do intestino e da bexiga;
- entender o que o adulto quer ao conduzi-la ao banheiro e oferecer-lhe o penico;
- conseguir manter-se sentada no penico sem a ajuda do adulto.

Em geral, a criança adquire essas capacidades por volta dos dois anos de vida. Deve-se levar em conta que essa é uma idade média, visto que algumas crianças demoram mais, outras menos, até conseguir esse controle.

Qual a melhor forma de conduzir a educação do controle do xixi e do cocô?

Essa educação pode durar semanas ou até meses.

No início, quando percebemos que as crianças estão fazendo xixi e cocô, devemos nomear o ato com expressões simples. Afinal, as crianças estão também aprendendo a falar e a reconhecer as coisas através da fala. Assim, elas poderão utilizar mais tarde as expressões dos adultos para reconhecer e demonstrar sua necessidade de ir ao banheiro.

Pode ser que, antes disso, a criança só consiga avisar o adulto depois que a coisa já está feita, nas calças mesmo. Então, passa a chamar a atenção para dizer que está com vontade de fazer xixi ou cocô. Mas é importante notar que, se ela chama a atenção do adulto, é porque percebe que essas coisas são do interesse dele. Ou então, passaram a fazer parte do interesse dela também, para não se sentir desconfortável.

Quando a criança tem o penico ao seu alcance, ela costuma ensaiar algumas brincadeiras, sem fazer uma associação clara entre penico-xixi-cocô e as brincadeiras que pode criar. Ela pode, por exemplo, colocar o penico na cabeça e fazer de conta que é um chapéu. Posteriormente, com a ajuda e o incentivo do adulto e também através da imitação de outras crianças, ela passa a deixar no penico suas fezes ou urina. Quando isso acontece, é visível a reação de satisfação da criança, ao ver seu produto e perceber que com ele agrada àqueles de quem mais gosta!

É o momento para encorajar a criança. O convite à utilização do penico precisa, então, acontecer com certa regularidade.

Mas ela pode fracassar, mesmo que queira fazer direito, pois isso depende de uma aprendizagem que leva um certo tempo. Aos poucos os sucessos tornam-se mais frequentes que os fracassos. Para que isso aconteça, a compreensão do adulto, quando ela não consegue se controlar, é fundamental.

Além de aprender a controlar o próprio organismo, a criança tem que aprender hábitos de higiene relacionados com o "fazer xixi" e "fazer cocô". Ela precisará entender por que o xixi e o cocô são jogados fora, por que ela deve se limpar, por que não dá para ficar com a roupa suja etc. Na primeira semana de uso do penico, é normal a criança não querer jogar o xixi e o cocô no vaso sanitário ou sentar no penico, ou mesmo tirar a fralda. Além disso, como também é próprio dessa faixa etária, o adulto provavelmente ouvirá várias vezes "não" diante da proposta de utilizar o penico. Muitas vezes ela só responde assim para afirmar sua autonomia, contrapondo-se ao adulto.

Na creche, os adultos podem usar alguns recursos para ajudar no processo de controle dos esfíncteres:

• planejar a rotina da turma e estabelecer a melhor época para iniciar o processo com todas as crianças ao mesmo tempo, mesmo que algumas estejam mais adiantadas do que outras;

• informar as famílias sobre a época em que se iniciará a educação do controle dos esfíncteres e solicitar a sua colaboração com ações complementares em casa;

• colocar algumas crianças ao mesmo tempo sentadas em rodas nos peniquinhos de forma que fiquem, umas em frente às outras, favorecendo a imitação;

• oferecer brinquedos, livrinhos ou sucatas às crianças para que permaneçam sentadas no penico, tendo, assim, tempo de fazer xixi e cocô. Esse tempo varia de criança para criança, e é interessante que levemos em conta o ritmo de cada uma nesse processo, mas em geral não leva mais que 10 ou 15 minutos;

• ao vestir as crianças, procurar deixá-las sem fralda, principalmente no verão, para que possam perceber mais rapidamente que começaram a urinar ou defecar e consigam tirar a roupa com facilidade para sentar-se no penico. Por isso, o verão é uma boa época para iniciar o processo de educação do controle de esfíncteres;

• manter alguns penicos ao alcance das crianças, sempre no mesmo lugar, para que possam chegar a eles rapidamente.

O uso do vaso sanitário durante esse processo deve ser especialmente trabalhado, pois algumas crianças aceitam seu uso com tranquilidade, mas outras assustam-se, seja com o barulho da descarga, seja com o fato de suas *produções* sumirem quando a descarga é acionada. Vale a pena tentar tranquilizá-las e aos poucos fazer com que se acostumem com o aparelho.

É importante, também, ficar atento a possíveis necessidades da criança em observar sua urina ou fezes no vaso sanitário, especialmente quando vai se dar descarga, pois para ela o fato de suas produções simplesmente desaparecerem é um mistério; em alguns casos, é até motivo de preocupação. Por vezes, realizar rituais como, dar *tchauzinho* para o xixi ou o cocô podem ser ações muito bem-vindas.

O fato de a criança manifestar alguma dificuldade num dia pode ser uma coisa passageira. Os adultos não devem expressar preocupação. Somente se a dificuldade persistir por muitas semanas, será necessário investigar melhor o que está acontecendo ou procurar a ajuda de alguém mais especializado, se for preciso.

Se nessa fase aparecerem tensões e ansiedades maiores na criança, convém que o adulto suspenda temporariamente esse processo educativo. Desaparecendo tais alterações, a educação pode ser retomada dentro de algumas semanas de forma menos tensa, mais lenta e tranquilizadora. É importante que o adulto evite gerar tensões, pois isso só tornará a tarefa mais difícil tanto para ele quanto para a criança.

Penico ou vaso sanitário?

Num primeiro momento, é mais fácil para a criança aceitar o penico que o vaso sanitário.

O penico deve ter um formato que possibilite à criança sentir-se estável; ela precisa apoiar os pés no chão para sentir maior segurança. Aos poucos, aprenderá a retirar a roupa, pegar o penico e usá-lo de forma independente.

É necessária uma boa desinfecção a cada vez que o penico for utilizado, principalmente quando é de uso coletivo, como em creches. Esta é uma das principais formas de evitar a transmissão de doenças. O adulto deve lavar muito bem as mãos, entre o auxílio de uma criança e outra e, além disso, levar a criança a lavar também. Dessa forma, evita tanto a sua própria contaminação quanto a das crianças.

Enfim, a educação do controle do xixi e do cocô e a aquisição de hábitos de higiene são de interesse das crianças, dos adultos e da sociedade como um todo. Nesse período, faz-se necessário o acompanhamento dessa atividade, de forma tranquila, pelos pais e educadores. Nessa tarefa, a integração família-creche, para compartilhar ações e promover um bom desenvolvimento da criança, é fundamental.

43 • Nana, neném... ZZZZZZ

*O dormir e o acordar na creche é um
processo que envolve uma série de rituais
importantes para as crianças pequenas.*

**Sandra Heloisa Pinto Gomes
Rosana Carvalho**

Nana, neném, que a Cuca vem pegar... O momento do sono muitas vezes é percebido como um castigo para as crianças e para os educadores. Quem trabalha em creches com crianças até mais ou menos quatro anos sabe como é importante o soninho durante o dia e o quanto, muitas vezes, é desgastante chegar até ele.

Todo processo que envolve o dormir e o acordar é caracterizado por uma série de rituais importantes. E para que ele seja bom, precisa ser pensado e planejado desde o momento em que a criança se prepara para ir à sala de sono até o momento em que acorda.

O sono é mais um desafio para os educadores dessa faixa etária, num ambiente coletivo como a creche. Entre as dificuldades que passamos, buscamos novas maneiras de agir, a fim de transformar o sono num momento gostoso de descanso.

Atualmente temos feito o seguinte: todas as vezes, antes de as crianças irem para a sala de dormir, elas passam pelo banheiro para escovarem os dentes, limparem-se, vestirem roupas confortáveis, pegarem suas chupetas, paninhos e outros.

Antes de entrar na sala, elas passam pelo "porteiro", que lhes deseja bom sono. O papel de porteiro é representado por uma das crianças — o ajudante do dia. Sua função é fazer com que as crianças, antes de entrarem na sala, tenham uma pausa para não entrarem correndo, eufóricas ou exaustas.

Dentro da sala, as crianças buscam o seu lugar e deitam nos colchões, arrumados antecipadamente. Para auxiliar o relaxamento, colocamos músicas clássicas, de ritmos tranquilos, ou cantarolamos suavemente uma música.

Este é um momento de muitas trocas afetivas e de maior intimidade, em que muitos diálogos podem acontecer entre educadores e crianças. Algumas crianças se incomodam quando o educador está muito perto, ao passo que outras gostam e aproveitam esses momentos para serem mimadas, protegidas, acalentadas.

Para o acordar também temos pensando em alguns rituais, como, por exemplo, acordar a criança sempre com a mesma música. Esses rituais propiciam maior segurança. É muito importante que nesse momento não ocorra um acender repentino de luzes ou abertura das janelas, falas altas ou movimentos bruscos com o corpo da criança.

Na medida do possível, é importante respeitar o ritmo e a individualidade da criança para que ela vá acordando da sua maneira.

A experiência vem dando certo e podemos afirmar que hoje o momento de sono é mais tranquilo. Procuramos respeitar as necessidades, a forma de ser e principalmente a maneira de cada um dormir.

Esse trabalho precisa sempre estar sendo avaliado, pois a cada ano vêm outras crianças com novos hábitos e costumes, e isso exige que nossas práticas e posturas sejam revistas.

CRECHE CAROCHINHA
USP Ribeirão Preto
Ano 4 N°7 - Dezembro de 1995

Batata Quente

Era uma vez...

BLÁ... BLÁ...

ONDE ESTÁ O BATATA?

BATATA QUENTE
Creche Carochinha
USP Ribeirão Preto
Ano 4 nº 7 Dezembro/1995

44 • Um lugar gostoso para o bebê

Educadores organizam o espaço de forma atraente para o desenvolvimento dos bebês.

**Maria A. S. Martins
Cândida Bertolini
Marta A. M. Rodriguez
Francisco F. Silva**

Em geral, o espaço no berçário é ocupado quase que totalmente pelos berços, restando poucas possibilidades para exploração e locomoção do bebê. Entretanto, criar um espaço que promova a interação é muito importante para o desenvolvimento do trabalho com crianças pequenas.

Observamos em nossa prática que existe uma boa forma de arrumar o berçário, organizando-o com colchonetes, caixas vazadas, móveis baixos, que permitem ao educador observar todo o movimento da sala e o bebê também. Dessa forma, o bebê pode tranquilamente ir em busca de um objeto que tenha despertado sua curiosidade, pois ele está vendo que o educador continua na sala. Isso possibilita a ele interagir mais com outros bebês. O educador fica então disponível para aqueles que estão exigindo sua atenção naquele momento.

O berçário deve ter espaços programados para dar à criança oportunidade de se movimentar, interagindo tanto com objetos como com outros bebês. Deve oferecer ao bebê situações desafiadoras, possibilitando o desenvolvimento de suas capacidades. Na programação desses espaços, levamos em conta três partes da sala: o chão, o teto e as paredes.

No chão podemos colocar divisórias de diversos tamanhos e em diversas alturas, que possibilitem a visão de um lado para o outro; caixas de papelão recortadas e transformadas; brinquedos, garrafas plásticas, bolas, bonecas etc. É importante que o chão ofereça desafios aos bebês. Isso pode ser conseguido com canaletas para eles passarem por dentro, morrinhos de diferentes alturas e muretas que os impeçam de seguir em frente e os façam buscar novos caminhos. No teto, podemos colocar móbiles grandes e panôs em diversas alturas e estampas. Podemos pendurar objetos sonoros e mordedores com elásticos, para que o bebê possa pegá-los. E nas paredes podemos pôr cortinas, espelhos, enfeites, murais etc.

Para os bebês maiores, é interessante criar cenários com toldos sugerindo circo, casa, lojas... Outra ideia são fitas de crepom ou plástico caindo do teto com muitas estrelas, lua e sol sorridente. Colocar imagens de animais e personagens de contos de fadas ajudam as crianças a desenvolver a fala.

Esses espaços podem levar o bebê a aumentar suas imitações, pois ele interage com os objetos, os outros bebês e os educadores.

Os espaços devem ser sempre atraentes e estimulantes para os bebês. Portanto, eles devem ser observados, avaliados e mudados pelos educadores na medida em que eles se desenvolvem e se interessam por coisas novas.

45 • Um ambiente para explorar

Numa creche, espaços e objetos devem oferecer novas experiências aos bebês.

Cândida Bertolini
Ivanira B. Cruz

O mundo está mudando e a educação dos bebês também. Essa mudança provoca conflitos entre a velha e a nova forma de cuidar do bebê.

No tempo da vovó, os bebês nasciam e eram enroladinhos. Pareciam "mumiazinhas" ou "pacotinhos" embalados para presente, com aquelas mantas cuidadosamente bordadas... Como será que os lindos bebês se sentiam, tão amarradinhos, se antes de nascer podiam agitar mãos e pés livremente no útero?

É claro que bebê precisa de calor, aconchego. Ficar enroladinho numa coberta ao dormir é uma delícia! Mas ele também precisa ter os pés, as mãos, o corpo livre, para mexer e descobrir quantas coisas consegue fazer, virar de um lado para o outro, chupar o dedo, levantar as perninhas... produzir movimentos. O bebê já tem competências motoras ao nascer e seu desenvolvimento acontece continuamente.

Bebês de três a quatro meses adoram objetos como almofadas que servem de apoio para se encostarem, apalparem, subirem, descerem. Os móbiles despertam neles os movimentos dos olhos e da cabeça, ajudando a firmar o pescoço. Os brinquedos diversos, coloridos, fascinam os bebês, estimulando-os a se locomoverem até alcançá-los. Os bebês interagem procurando pegar e compartilhar objetos. E isso os leva a se arrastarem, rolarem, mudarem de posição, conquistarem espaços e diferentes pontos de vista. Dependendo das experiências que o meio ambiente proporciona, logo eles estão de pé, tentando novas interações.

Os espaços e objetos de uma creche devem estar a favor do desenvolvimento sadio dos bebês, propiciando-lhes experiências novas e diversificadas.

46 • Estruturando a sala

*Interações na creche mudam
dependendo da área espacial.*

Mara Campos de Carvalho
Renata Meneghini

Você já reparou quais lugares as pessoas preferem quando entram em um salão de festa com um espaço central vazio? Preste atenção e você verá que a maioria evita o centro do salão, a não ser que lá esteja um grande amigo ou uma pessoa que gostaria de cumprimentar.

Você sabia que isso também ocorre com crianças, desde pequenas, com menos de três anos? É sobre as relações entre a criança e o espaço que nos propomos a conversar um pouco aqui.

O educador organiza o espaço de acordo com suas ideias sobre desenvolvimento infantil e de acordo com seus objetivos, mesmo sem perceber.

Em várias creches, é comum encontrarmos um grande número de crianças pequenas para apenas um educador. É comum encontrarmos também espaços vazios com poucos móveis, objetos e equipamentos. Nesse contexto, geralmente observamos que a maioria das crianças fica muito em volta do educador, solicitando o tempo todo sua atenção. O educador acaba não tendo muita chance de manter um contato mais prolongado com nenhuma criança. Às vezes nem pode atender a todas, mesmo que rapidamente. Chamamos esse tipo de organização, com espaços centrais vazios, de arranjo espacial aberto.

Por que será que isso é comum em nossas creches? Mesmo nas que têm salas bem mobiliadas, o educador, especialmente em momentos denominados de atividades livres, encosta os móveis nas paredes, ou empilha-os em um canto, para deixar um espaço central vazio. Você não acha que o educador poderia estar valorizando demais a necessidade das crianças de atividades físicas corporais, como correr, pular, e daí deixar o espaço tão vazio? Ou, então, que estaria vendo nisso um meio para reduzir a chance de as crianças se machucarem e mesmo de destruírem o material? Nós achamos que sim. Parece haver uma certa ideia de que criança pequena necessita de direção e orientação quase que constantes do educador, como se ela fosse incapaz de se envolver em atividades, especialmente com coleguinhas. E como se o fato de encostar os móveis nas paredes facilitasse ao educador ver todas as crianças para poder interferir, sugerir, orientar ou dirigir.

Temos uma outra maneira de distribuir os móveis e os equipamentos dentro de um espaço, para obter um arranjo espacial semiaberto.

No arranjo espacial semiaberto, utilizamos móveis baixos (por exemplo, pequenas estantes vazadas, de madeira) e aproveitamos a quina de duas paredes ou um desnível do solo. Formamos, então, cantinhos ou zonas circunscritas, que são áreas delimitadas em três ou quatro lados, com uma abertura para a passagem, onde cabem com conforto cerca de seis crianças. A característica principal das zonas circunscritas é seu fechamento em pelo menos três lados, seja qual for o material que o educador coloca lá dentro, ou que as próprias crianças levam para brincar. Dessa maneira, você pode delimitar essas áreas usando mesinhas ou cadeirinhas. Elas também podem ser constituídas por caixotes de madeira ou cabaninhas, desde que contenham aberturas. As cabaninhas podem ser criadas aproveitando o espaço embaixo de uma mesa e colocando por cima um pano que caia para os lados, contendo uma abertura, tipo porta. As cortinas também podem ser úteis para delimitar um ou dois lados.

É importante que a criança possa ver facilmente a educadora, senão ela não ficará muito tempo dentro dessas áreas circunscritas. Isso porque a criança pequena, até cerca de três anos, necessita da proximidade física ou visual de quem cuida dela, para que se sinta segura. É por isso que o educador deve utilizar, na delimitação dessas áreas, móveis ou elementos que permitam à criança vê-lo. Os materiais utilizados devem ser resistentes e não tão leves, senão em pouco tempo as crianças os arrastarão pela sala, não só destruindo-os como também modificando rapidamente o que foi planejado com tanto cuidado!

Nesse tipo de arranjo espacial, o semiaberto, temos observado que as crianças buscam menos a atenção do adulto, pois passam mais tempo brincando entre si, geralmente em subgrupos — apesar de as duplas serem mais frequentes, aí observamos maior ocorrência de brincadeiras desenvolvidas em grupos de três, quatro ou mais crianças. Geralmente as brincadeiras de faz-de-conta, tão importantes para o desenvolvimento das crianças, ocorrem mais comumente nessas zonas circunscritas que em outras áreas. Além disso, observamos que é nesse tipo de arranjo espacial que as crianças que ficam mais juntas, as mais "amiguinhas", preferem brincar. Mesmo organizando assim seu espaço, lembre-se de que é necessário haver vários objetos, materiais ou brinquedos, os quais as crianças possam utilizar para desenvolver suas brincadeiras. Eles são muito importantes para ajudar uma criança a entrar em contato com outra, especialmente as menores de três anos.

47 • Por que as crianças gostam de áreas fechadas?

Espaços circunscritos reduzem as solicitações de atenção do adulto.

Mara Campos de Carvalho

Por que as crianças preferem brincar em áreas que se fecham pelo menos em três lados? Será que não é porque nos cantinhos elas se sentem mais seguras e protegidas, inclusive do fato de outras crianças ou o educador atrapalharem o que elas estão fazendo? Isso comumente ocorre em espaços abertos.

A zona circunscrita, definida no texto anterior, "Estruturando a sala", oferece proteção e privacidade, auxilia a criança a prestar atenção na atividade e no comportamento do colega, aumenta assim a chance de brincarem juntos e desenvolverem a mesma atividade por mais tempo.

Temos visto que, quanto mais áreas circunscritas tem um ambiente, menos a criança solicita a atenção do educador, o que é tão comum no arranjo espacial aberto. E quanto maior for o grupo de crianças, maior deve ser o número de zonas circunscritas. Convém dizer, porém, que a organização espacial da sala pode, e talvez deva, ter outras áreas que não sejam necessariamente delimitadas em três ou quatro lados. Por exemplo, conter mesinhas e cadeiras, para execução de atividades de colagem, pintura, de lápis e papel etc., um lugar confortável e macio para descansar ou ler, com almofadas, tapetes etc.

Enfim, use sua criatividade. Procure móveis e equipamentos na própria creche. Lembre-se daqueles que ninguém sabe o que fazer com eles e que estão esquecidos. Organize, sem grandes gastos financeiros, o espaço de suas crianças, dando-lhes oportunidades de escolher o que fazer, em que áreas ficar e com quem. Com certeza essa possibilidade mais frequente de escolha reduzirá o tempo, muitas vezes longo, de espera para serem atendidas. Mas não se espante se, no início, as crianças não escolherem as áreas com proposta de atividades dirigidas por você ou que necessitem de seu auxílio, como: recorte, colagem, desenho, quebra-cabeça etc. Especialmente se elas não tinham o costume de escolher suas atividades porque a maioria era dirigida por você, no momento em que você queria. Com o passar do tempo, com certeza, muitas crianças utilizarão todas as áreas oferecidas, inclusive as que necessitam de seu auxílio para a execução das atividades.

Mas lembre-se de que, de tempos em tempos, é importante reorganizar ou mudar a estruturação de sua sala, para motivar mais as crianças. Porém, ofereça sempre áreas ou cantinhos fechados, que favorecem o envolvimento das crianças em atividades e em interações com os companheiros. Lembre-se, ainda, de que as crianças precisam também de espaços que permitam movimentos corporais amplos, como correr, saltar, engatinhar, subir e descer — não temos dúvidas de que nesses momentos a melhor opção, tendo em vista a segurança, é fornecer-lhes um arranjo espacial aberto, ou seja, um espaço relativamente amplo e vazio. Se na própria sala não é possível haver, ao mesmo tempo, os cantinhos e um espaço aberto disponível para isso, você pode levá-las a um pátio, um parquinho, um salão, ou, então, encostar alguns móveis nas paredes para oferecer, mesmo dentro de sua sala, alguns momentos para atividade física mais vigorosa.

Talvez, nestas alturas, você já esteja se perguntando: *"Mas, então, qual é o meu papel nisso tudo? E eu? Qual é a minha importância?"* Não temos nenhuma dúvida de que o educador é extremamente importante no processo de desenvolvimento das crianças! Ao estruturar e organizar continuamente sua sala, o educador favorece o envolvimento das crianças em brincadeiras entre elas, sem necessidade de sua interferência direta; dessa forma ele fica mais disponível para aquelas crianças que procuram interagir com ele. Afinal, ele não tem todo o grupo à sua volta o tempo todo. E, além disso, ele terá mais tempo para observar as ações das crianças e perceber aquelas que necessitam de sua atenção, tendo, inclusive, mais facilidade para manter um contato individualizado com elas. Ou mesmo para desenvolver alguma atividade com um pequeno grupo de crianças de sua turma. Com certeza o educador poderá estar mais junto de suas crianças, auxiliando no desenvolvimento delas, muito mais do que no arranjo espacial aberto. Arranjo que, infelizmente, parece ser o mais comum em nossas creches.

48 • O porquê da preocupação com o ambiente físico

Planejamento do espaço favorece a aprendizagem e o desenvolvimento da criança.

Mara Campos de Carvalho

Será que aspectos físicos do ambiente são importantes para o desenvolvimento das crianças? Será que eu, educador, devo me preocupar com eles? Será que eles não fazem parte simplesmente de um cenário de fundo, a não ser pela preocupação, frequentemente dita, de que o ambiente deve ser rico e estimulador? Bem, gostaríamos agora de mostrar a você alguns aspectos importantes para o desenvolvimento infantil, que deveriam estar presentes no planejamento do ambiente, especialmente considerando ambientes infantis coletivos. Todos os ambientes infantis deveriam promover:

• **Identidade pessoal**

Os lugares em que moramos e os nossos objetos pessoais nos ajudam a construir a noção de quem sou eu? Um exemplo disso é a lembrança que temos de certos lugares de nossa infância. Todos nós já passamos pela sensação de nostalgia quando voltamos a esses lugares; vêm à nossa cabeça uma série de experiências que ali vivemos, acompanhadas de um sentimento de ligação afetiva, de pertencer a certos lugares e espaços. O fato de a creche fazer um trabalho que permite às crianças deixarem suas marcas promove essa ligação afetiva das crianças com a creche. É por isso que é importante permitir à criança trazer seus objetos. Isso deixa a sala da creche mais pessoal, aconchegante. E dá ao educador a chance de trabalhar o saber dividir, a cooperação com as crianças. Isso pode ajudá-las a desenvolver sua individualidade e, consequentemente, sua identidade.

• **Desenvolvimento de competência**

O ambiente infantil deve ser planejado para facilitar o trabalho do educador de tal forma que satisfaça as necessidades das crianças, promovendo o seu desenvolvimento. A criança deve, por exemplo:

poder tomar água sozinha; alcançar o interruptor de luz; utilizar móveis e peças de banheiro com altura adequada, tendo acesso fácil a toalhas, sabonetes e roupas; ter estantes e prateleiras abertas também com acesso fácil para poder ver e pegar os materiais. Ao organizar dessa forma o ambiente, o educador ajuda a criança a desenvolver um sentimento de domínio e controle. Além disso, os cantinhos fechados (que são explicados no texto anterior Por que as crianças gostam de áreas fechadas?) também colaboram para a sensação de competência, pois facilitam à criança planejar e executar atividades, sem muitas interrupções. Fazer um caminho indicador, ligando áreas muito utilizadas dentro de uma sala, pátio ou parquinho, também auxilia a criança a executar com competência suas atividades, sem se desviar de seu objetivo. Por exemplo, torne claramente visível o melhor caminho para chegar ao bebedouro, ou para chegar à sacola de roupas, ou para o apontador de lápis, ou para a caixa de brinquedos etc. Esses caminhos devem ser planejados cuidadosamente, para evitar congestionamentos e distração. Eles devem desviar-se das áreas de atividades, diminuindo as chances de atrapalhar as atividades das crianças. Esses caminhos indicadores colaboram também para a percepção e a memória do espaço. Pense o que geralmente dizemos quando alguém nos pede indicação de uma direção. Não é comum usarmos algumas demarcações físicas que se sobressaem no ambiente, como um tipo de prédio ou de loja, ou uma árvore, ou uma praça? Nesse exemplo, você pode notar como a presença de barreiras ou demarcações é importante para nossa orientação espacial.

- ***Oportunidade para movimentos corporais***

É importante que a criança engatinhe, ande, corra, suba e desça, pule, balance, salte, pendure-se, agarre-se, empurre e puxe objetos etc. Tudo isso auxilia a criança a fazer movimentos coordenados, a experimentar seu corpo no espaço e conhecer o espaço através de seu corpo. Daí a importância de os ambientes oferecerem espaços mais vazios e seguros para esses momentos.

- ***Estimulação dos sentidos***

A natureza apresenta várias situações que estimulam os nossos sentidos, tais como: brisas que trazem odores diferentes, o som de um riacho, o balanço de folhas e flores. É importante que as crianças também tenham seus sentidos estimulados. Para isso, podemos desenvolver atividades em espaços externos. Nos espaços internos, podemos colocar vasos com plantas e flores, janelas que permitam iluminação natural, entrada do sol, visão do céu, de árvores e passarinhos. É interessante também variar as cores, as formas, os sons, os aromas, os sabores e a sensação tátil, com lugares macios e duros, ásperos e lisos, quentes e frios, vibratórios e estáveis etc.

• *Sensação de segurança e confiança*

Variar o nível do solo, a altura do teto, a iluminação e as cores, assim como as sensações táteis, contribui para a criança sentir-se num lugar confortável e seguro. Isso é um convite para que ela explore esse lugar. E você sabia que a exploração do ambiente é extremamente importante para o desenvolvimento motor, cognitivo e emocional de suas crianças?

• *Oportunidades para contato social e privacidade*

Áreas de diferentes tamanhos dentro do mesmo espaço oferecem oportunidades tanto para atividades isoladas quanto em grupos. As áreas privadas permitem à criança que se relacione em pequenos grupos, podendo expressar sentimentos como: carinho, proteção, ciúme, raiva e outros. Os lugares com degraus largos, cadeiras pequenas, almofadas macias, tapetes, permitem à criança descansar mais afastada, enquanto observa o grupo. Pense sobre tudo isso... e perceba como você, educador, poderá contribuir para melhorar a qualidade do atendimento oferecido a suas crianças, o que, consequentemente, favorecerá um melhor desenvolvimento físico, cognitivo, social e emocional.

49 • O canto que conta tanto: a organização de pequenos espaços

Educadores organizam o espaço externo com cantinhos estruturados que vão se transformando continuamente.

Lésia M. Fernandes Silva
Ionice Oliveira
Carmen Dimas
Dulcineia G. Alves

O espaço da creche costuma ser uma preocupação para os educadores. Atualmente nós estamos conseguindo transformar essa preocupação numa atividade muito gostosa: um projeto especial chamado "O canto que conta tanto".

Muitas creches e escolas organizam o espaço externo apenas em momentos de recepção e recreio, intervalo livre etc. Entretanto observamos que os cantos estruturados, organizados e reorganizados de tempos em tempos, promovem interações e autonomia para os pequenos. Além disso, deve ter sempre em vista a atividade pedagógica que se está trabalhando, de acordo com o planejamento da creche e a faixa etária de cada grupo de crianças.

Resolvemos melhorar a ideia do canto introduzindo personagens folclóricos de Monteiro Lobato. Primeiro fizemos dois grandes bonecos de tecido, o Saci e a Emília. Observamos crianças abraçando, rindo, pulando, conversando com aqueles personagens, com uma intimidade de quem vive no Sítio do Pica-Pau Amarelo.

Depois viajamos para o folclore do Maranhão e construímos um Bumba-meu-boi, quase que verdadeiro. Subimos no boi, balançamos, giramos, bailamos...

Mas tivemos um problema. Não eram só as crianças abaixo de três anos que gostavam de brincar no canto, de balançar no Bumba. As crianças maiores logo quiseram avançar nele.

Assim precisávamos melhorar a resistência do Bumba. Ele estava frágil para tantas aventuras.

Fomos em busca de solução. Em um dos nossos treinamentos, visitamos um depósito de sucatas. Nele encontramos uma carcaça velha, um banco de moto, que serviria para o novo corpo do Bumba.

O Bumba virou a Cuca do Sítio durante nossos eventos da Primavera. Depois veio o circo com palhaços, bailarinas, trapezistas e ele se transformou em leão. E nessa transformação toda, o leão virou outra coisa no Natal, no Carnaval...

Aos poucos fomos fazendo outros cantos. Além dos cantos mais permanentes, do pula-pula, da casinha, do posto de gasolina, dos brinquedos de montagem e pintura, de fantasias e de descanso e leitura, criavam-se sempre novos cantos na inspiração do momento.

Cada novo canto, com novos temas e personagens, é um estímulo para a capacidade de criação das crianças e dos educadores. O canto dá oportunidade para interagirmos com as crianças. Dá oportunidade também para que haja interação entre elas.

Algumas vezes, a organização desses cantos precisa ser feita em um momento específico, diferente daquele em que a educadora está com a criança. Em outros momentos, é importante organizá-los com a ajuda das crianças. Para a realização de projetos como esse é fundamental o apoio da instituição, organizando espaços para a sua criação: planejando, provendo recursos materiais, discutindo com os educadores etc.

Nesse processo é fundamental valorizar as potencialidades de cada educador na organização de cantos tão ricos.

50 • O Canto caipira

*Educadores e crianças de pré-escola
organizam juntos o espaço externo da creche
com um cantinho estruturado:* **o Canto caipira**.

**Carmen Dimas
Ionice Oliveira
Lésia M. Fernandes Silva**

Após discutirmos a importância dos cantos estruturados, elaboramos o projeto *O canto que conta tanto*. Foi instalado no pátio central, durante a Festa Junina, um canto batizado de *Canto caipira*. Um sucesso! Luis Ribeiro, do Jornal **Batata Quente**, entrevistou as educadoras Ionice e Lésia, organizadoras do *Canto caipira*. Elas trabalham com crianças de quatro a seis anos de idade.

Batata: *Como nasceu essa ideia?*

Ionice: O Canto caipira surgiu para que pudéssemos ter um cenário mais interativo, com acontecimentos sociais dos temas da nossa cultura. Além disso, após alguns estudos sobre arranjos espaciais, concluímos que as crianças, principalmente as menores de três anos, precisavam de espaços que possibilitassem a narrativa de forma contínua, e não apenas em alguns momentos do dia.

Batata: *E as crianças, como interagiram nesse espaço?*

Ionice: A intenção era de que as crianças de dois a três anos brincassem com a lenha no fogão, com o papel picado, ouvindo as músicas juninas, comendo a comida típica etc. Logo todos da creche começaram a curtir o canto. As crianças maiores, por exemplo, contaram longos "causos" em torno do fogão à lenha.

Batata: *Para construir esse fogão, como foi?*

Ionice: As crianças das turmas de dois a três anos participaram da confecção. A princípio a ideia era fazer um fogão pintando-o de vermelho, deixando parecido com o fogão de barro. Acabamos cedendo, pois os pequenos iam pedindo outras cores, e não tinham a mesma intenção dos adultos. Teve que ficar muito colorido, para agradá-los.

Batata: *E o Zequinha, qual era sua função?*

Ionice: Queríamos um personagem caipira. Um boneco grande com mãos macias, que eles pudessem abraçar, beijar; sentir medo, receio, alegria... Enfim, uma série de reações afetivas que para essa idade é importante promover.

Batata: *E o projeto continua?*

Lésia: Os resultados foram além das nossas expectativas. As crianças utilizaram as diversas linguagens que nós programamos no planejamento. Desde a linguagem plástica, oral, passando pela linguagem do fazer de conta, vivenciando emoções fundamentais para o seu desenvolvimento. É por isso que para o segundo semestre o Canto continuará com muitas surpresas folclóricas.

O projeto *O canto que conta tanto* continua. E os cantos estão sempre mudando, de acordo com o momento e os acontecimentos sociais. Muda o canto, trazendo novos desafios para os educadores e para as crianças. Muda a creche.

Batata Quente

CRECHE CAROCHINHA
USP Ribeirão Preto
Ano 5 N°9 - Dezembro de 1996

VIVA OS DIREITOS DAS CRIANÇAS!

VIVAAA...

OS DIREITOS DAS CRIANÇAS DEVEM SER GARANTIDOS!

CHOMP.. CHOMP..

BLÁ...

CHUP... CHUP..

ONDE ESTÁ O BATATA?

BATATA QUENTE
Creche Carochinha
USP Ribeirão Preto
Ano 5 nº 9 Dezembro/1996

51 • Mordidas: agressividade ou aprendizagem?

*O primeiro contato da criança
com o mundo é pela boca
e morder faz parte disso.*

**Ana Maria Mello
Telma Vitoria**

— Ele morde mesmo! E tem uns dentes! Outro dia pegou meu filho...
— E a mãe não vê isso?!

Mordidas costumam causar revoluções na creche. Ninguém gosta que seu filho seja mordido. Os pais da "vítima", às vezes, sentem-se culpados por deixarem seu filho correr riscos num ambiente com tantas crianças. Já os pais do mordedor, quase sempre, ficam envergonhados com o fato. Tanto a família do mordedor quanto a do mordido se sentem preocupadas ou agredidas.

Mas o que significa a mordida?

O primeiro contato da criança com o mundo é pela boca. Você já reparou em um bebê de quatro meses? Ele leva coisas para a boca. Mãos, pés, todos os objetos ao alcance vão, mais cedo ou mais tarde, para a boca do bebê.

Ao colocar um objeto na boca, o bebê está experimentando este objeto. Está aumentando seu conhecimento sobre as coisas que o rodeiam. Começa a experimentar diferenças de peso, textura, tamanho, forma. Enfim, a cada bocada ele conhece um pouco mais o mundo ao redor!

A boca é um dos meios mais importantes para o bebê entrar em contato com o mundo. Além de usá-la para conhecer as coisas, o bebê também a utiliza para outras formas de contato. Aceitar ou rejeitar alimentos é uma das formas. Chorar também.

O choro, por exemplo, é a principal via de comunicação do bebê. Os adultos mais próximos da criança vão aprendendo a identificar cada tipo de choro, a dar-lhe um sentido. Isso também é válido para o sorriso, o balbucio e outras expressões da criança. Cada tipo de choro, cada tipo de sorriso, acontece porque o bebê aprende a usar a boca para fazer cada um deles. Todos passam pela boca.

Quando surgem os dentes, começam as mordidas. Vindo da boca, não podia ser diferente: a mordida também é uma maneira de conhecer o mundo. E é também uma forma de comunicação com ele.

Mordendo um objeto, a criança pode perceber muitas coisas. A diferença entre duro e mole, por exemplo. Também pode perceber a novidade que é o susto, o choro ou o espanto da criança mordida. Descobrir que a outra reage à mordida é uma grande aventura! Morder pode ser fascinante. Tão fascinante que a criança pode querer repetir.

Quem será um mordedor?

Em nossa cultura, frequentemente expressamos carinho brincando com os dentes e, sobretudo com bebês, fingindo morder.

Essas ações geram "modelos de imitação" para os pequenos. Eles utilizam esses modelos nas brincadeiras com outras crianças. Porém, ainda não sabem quanta força podem colocar na boca e também não sabem avaliar as consequências desse comportamento.

Isso não quer dizer que seja desaconselhável brincar com a criança usando a boca. Pelo contrário. Desde que respeitadas as particularidades e as sensações da criança, esses momentos podem ser muito afetuosos e de grande intimidade. É preciso apenas ir mostrando que ela pode acabar provocando dor e machucando outras crianças. Sobretudo aquelas que não estão com vontade de entrar na sua brincadeira.

A diferença individual também é importante nesta hora. A partir das experiências com os adultos e os objetos, cada criança vai construindo uma maneira particular de reagir.

Um beliscão, dado com a mesma força, pode provocar reações diferentes em diferentes crianças. Um som alto pode não chamar a atenção de algumas, enquanto outras ficam extremamente irritadas. Isso também é válido para o toque, a tolerância à frustração, os sentimentos de ciúme, a busca de atenção ou a procura de exclusividade. Cada criança tem sua maneira de reagir diante dos acontecimentos.

Em situações em que se sente contrariada ou nas disputas de objetos, algumas crianças reagem de forma explosiva, mordendo, enquanto outras choram, na expectativa de que o adulto a ajude.

Muito comum é acontecer uma mordida quando uma nova criança entra num grupo de crianças. Pode ser que uma das crianças fique insegura ou com ciúmes da novata. Sem poder compreender direito, sem ter como organizar suas emoções, ela pode descarregar sua ansiedade na forma de mordida. Você já deve imaginar: em geral, o alvo é esta nova criança.

A mordida também pode estar ligada a aspectos da organização, de espaço ou rotina. Uma "receita" para conseguir uma bela mordida é organizar atividades em um espaço pequeno e com um grande número de crianças. Outra, infalível, é colocar brinquedos diversificados em pouca quantidade. Ou ainda organizar uma rotina que não leve em conta as necessidades de sono do grupo, deixando as crianças irritadas.

Como acabar com as mordidas

Há "receitas" para obter mordidas, mas para acabar com elas, não.

Para acabar com as mordidas é preciso que o educador e a equipe da creche pensem sobre todos os aspectos envolvidos no dia a dia daquele grupo de crianças. É preciso tentar descobrir quais são os fatores que estão fazendo isso acontecer. É preciso pensar sobre a rotina, o espaço, a quantidade e a variedade de brinquedos. Enfim, é preciso estar atento aos detalhes. Muitas vezes são os detalhes os fatores desencadeadores de mordidas.

Importante é saber disto:

Seja qual for o fator que leve à mordida, é preciso muito cuidado para não rotular a criança como "mordedor". Quando se rotula uma criança, todos passam a esperar que ela volte a ter aquela reação. Mesmo que seja uma expectativa sutil, a criança percebe. Para ela, essa expectativa é marcante, e pode aumentar a ansiedade da criança. Esse aumento da ansiedade pode levá-la a dar novas mordidas. Se a mordida acontecer, reforça-se a ideia de que ela é mordedora. A expectativa aumenta, aumenta a ansiedade e ela morde mais uma vez. Um ciclo sem fim.

Mesmo que a criança não fale direito, alguma coisa da conversa dos adultos ela entende. Ela percebe o clima. Isso também pode acentuar seu comportamento de morder, com motivo ou sem motivo aparente. Por isso, se for preciso conversar sobre o fato, é melhor que não seja na presença da criança.

Na ocorrência de uma mordida, talvez o melhor seja tratar o fato com tranquilidade. É importante esclarecer, para a criança, a dor que se sente. Importante também é ajudá-la a encontrar outras formas de se comunicar. Mostrar possibilidades de expressar, através da fala e dos gestos, suas emoções.

É preciso compreender que esta é uma fase do desenvolvimento da criança. Praticamente todas as crianças, entre um e três anos, em algum momento, usaram ou usarão tal conduta. Esse recurso praticamente desaparece quando a linguagem estiver mais desenvolvida.

52 • Sim e não na hora certa!

Pais e educadores dando limite e ouvindo as crianças.

Rosa V. Pantoni

Quando é preciso colocar limites para as crianças? Muitos pais e educadores ficam inseguros, divididos entre o que é certo e errado, o que é bom e mau. Por medo de estar educando mal, muitas vezes eles ficam divididos, sem saber se devem optar por uma disciplina rígida ou outra sem limites. Mas, afinal, como agir? Como educar colocando o "freio" necessário sem ser autoritário?

Sem medo de dizer "não"

Temos visto cada vez mais crianças cheias de vontades, exigentes, mandonas, que chegam a bater nos pais e, muitas vezes, até nos educadores, a fim de conseguir o que querem.

Nos anos sessenta, surgiu a ideia de que "é proibido proibir". A TV, o rádio, as revistas, jornais, enfim, os meios de comunicação continuam reforçando essa ideia do "tudo pode". Muitas vezes eles usam termos da psicologia de forma exagerada e sensacionalista, como "essa repressão deixará traumas para a vida toda".

Com medo de serem muito rígidos e prejudicarem o desenvolvimento da criança, muitos pais evitam a todo custo dizer "não", isto é, acabam por não colocar limites no comportamento das crianças. Deixam de ser espontâneos, ficam o tempo todo pensando se isso ou aquilo vai traumatizar seu filho. Dessa forma, a criança não aprende quais são as regras, o que é certo e errado na sua sociedade. Ou melhor, é educada para fazer o que quer, sem respeitar o limite das outras pessoas.

O fato de trabalhar muito e permanecer pouco tempo com a criança pode acentuar esse comportamento dos pais, de deixar a criança fazer tudo. Eles ficam com sentimentos de culpa, especialmente as mães. Receiam decepcionar a criança e, por isso, evitam dizer não, deixando que elas se comportem da forma que quiserem. Ao agir assim, eles impedem que ocorram situações em que a criança possa aprender a tolerar frustrações e estabelecer uma relação de respeito com as pessoas.

Entretanto, ao invés de prejudicar, limites claros e que tenham sentido ajudam a criança a saber como agir. São de fundamental importância para sua educação, pois baseada neles, ela aprende o que se espera dela e o que ela pode esperar dos outros. Isso traz uma sensação de segurança à criança, mesmo quando ela aparenta discordar do limite dado.

Questão de autoridade ou autoritarismo?

Colocar, de forma clara, limites que tenham sentido não significa gritar, falar de modo grosseiro ou pôr de castigo. Tem autoridade aquela pessoa que age com lógica, com coerência. Aquela que dá ordens com um tom de voz que não agride. Que explica com firmeza os motivos pelos quais está sendo colocado o limite. Ser firme não quer dizer ser autoritário.

Autoritário é quem não explica o motivo do "não". Quem parte para a violência. Quando o pai autoritário bate, ele mostra que já perdeu o controle da situação. Depois, geralmente sente culpa e quer compensar o filho. Isso deixa a criança confusa, pois vê o pai muito bravo e, logo em seguida, querendo agradar.

Os limites que os pais colocam devem estar relacionados com o comportamento inadequado do filho. Na medida do possível, não devem se relacionar com o fato de o adulto estar de bom ou mau humor.

Outra forma de ser autoritário é dar pouca ou nenhuma liberdade à criança, nunca permitir que ela se suje, que faça barulho ou bagunça. Na verdade, a criança aos poucos deve ir aprendendo que tudo tem hora (hora do almoço, hora de brincar, de dormir...) e lugar (por exemplo, ela pode brincar em determinados lugares da casa, fazer sua bagunça, contanto que depois arrume).

Um jeito mais disfarçado de ser autoritário é ser afetivo com o filho apenas quando ele se comporta bem. Quem é assim geralmente ameaça não gostar do filho quando ele faz algo errado. Já pensou como deve ser horrível crescer ouvindo "Se você fizer isso, não gosto mais de você"?

Quando começar a colocar limites

Ao nascer, a criança passa a fazer parte de determinada cultura e, à medida que cresce, vai aprendendo os valores e regras específicos de sua comunidade. Por exemplo: se observarmos a educação de crianças em uma aldeia indígena, veremos que existem muitas diferenças em relação à forma como as crianças em nossa cultura são educadas.

Os valores e as crenças sobre o desenvolvimento infantil variam, também, de família para família; cada família tem sua forma de educar e passar seus valores para as crianças. Com relação aos limites, isso também acontece. Desde o seu nascimento, a criança passa a fazer parte dos costumes e da rotina daquela família. Por exemplo: algumas famílias organizam a alimentação do bebê seguindo com precisão os horários estabelecidos pelo médico, outras tomam como base o choro do bebê... A criança vai aprender a organizar seus horários de alimentação de acordo com a rotina familiar.

Podemos observar isso em todos os outros aspectos da educação infantil. Sendo assim, desde bebê a criança já está sendo trabalhada com relação aos limites e regras de seu meio social. Uma organização da rotina da criança a educa sobre os momentos em que ela pode ou não fazer uma coisa ou outra. Famílias que têm o seu dia-a-dia muito desorganizado terão mais dificuldade de colocar limites para seus filhos pequenos. A organização do tempo e do espaço físico da criança lhe permite entender os limites e desenvolver autonomia, aprendendo a agir no mundo de forma a encontrar o equilíbrio entre o que ela quer fazer e as regras sociais.

Entretanto, devemos ressaltar que a forma de trabalhar essas regras varia também de acordo com a faixa etária da criança. É interessante que a criança receba o limite de acordo com sua idade. A maneira como se explica o motivo do "não" muda conforme o seu desenvolvimento emocional e intelectual.

Além disso, o que a criança não pode fazer, em uma certa idade, poderá fazer em outra. À medida que a criança se desenvolve, aumenta sua capacidade para compreender quais são as consequências do que ela faz. Então, o fato de poder decidir se deve ou não fazer algo, ou seja, saber qual é o seu limite, vai fazendo com que ela se torne responsável pelo que faz.

• DOSES DIÁRIAS DE LIMITES

Mexendo em tudo

Quando a criança começa a andar, sente-se dona do mundo, quer mexer em tudo. É hora de mostrar-lhe que ela não pode mexer em alguns objetos, pelo menos enquanto ela não souber utilizá-los. Assim, é importante definir para ela: em que ela pode mexer, em que não pode e em que só pode quando está com um adulto. Sempre que ela insistir em mexer onde não pode, é preciso dizer "não" com firmeza, porém evitando ficar irritado.

Como a criança é muito curiosa, procure prevenir e evitar problemas, retirando do alcance dela os objetos que lhe ofereçam perigo. É comum observarmos pais e educadores tendo longas conversas, com crianças com menos de três anos, sobre os motivos e consequências de suas ações. Porém, nessa fase elas ainda não conseguem entender isso. Assim, uma mensagem curta, com um tom de voz firme, é mais eficiente.

Batendo nos pais e educadores

Geralmente a criança começa a bater nos pais e educadores como se fosse uma brincadeira. Aos poucos ela vai percebendo que pode chegar a machucá-los. E percebe que pode ameaçar bater quando um deles não faz o que ela quer, na hora em que ela quer.

É importante ensinar à criança que ela não pode bater. E que os pais e familiares não vão permitir que ela faça isso, que vão segurá-la se for preciso. Com crianças um pouco mais velhas, podemos dizer que compreendemos sua raiva, mas que ela precisará aprender outras formas de lidar com sua emoção.

Na creche, o educador também deve colocar limites, não deixando a criança bater nele. Uma boa maneira é explicar para ela que: "Assim como eu não bato em você, você não vai bater em mim".

Uma situação delicada pode ocorrer se os pais e familiares deixam a criança bater neles e o educador não deixa, colocando limites. O contrário também pode acontecer, quando os pais dão limite e o educador deixa a criança fazer tudo, inclusive bater. Nesses casos, é preciso que pais e educadores conversem e tentem juntos tratar a criança com carinho e firmeza.

Birras e choros

Quando a criança não consegue o que quer, muitas vezes começa a chorar ou fazer birra. Esse comportamento é natural, mas, quando acontece muitas vezes seguidas, é sinal de que a criança não está encontrando outras formas de se comportar. É preciso ajudá-la a encontrar novas maneiras de se expressar para que não se comporte mais assim.

A birra e o choro normalmente são causados por uma frustração naquele momento. Quanto mais birra a criança faz, mais nervosa ela fica. Além disso, a criança se acostuma a fazer birra e a chorar, e quanto mais ela faz, fica mais difícil conseguir parar.

Não existe receita para acabar com as birras e o choro. Os pais e educadores muitas vezes ficam nervosos, o que pode piorar o comportamento da criança. Mas quando eles conseguem observar bem a situação, vão descobrindo o que fazer. Eles podem ignorar o acesso de birra e deixar a criança parar sozinha, quando se acalmar. Mas outras vezes é preciso confortá-la, como por exemplo: molhando seu rosto, oferecendo-lhe água, dando-lhe um forte abraço, e, o mais importante, dizendo-lhe claramente que aquele comportamento dela não vai mudar sua decisão.

Quando a criança já fala bem e seus pais e educadores dão espaço para que se expresse, ela não precisa mais fazer birra. Ela conversa e negocia o que pode fazer, os seus direitos, e o que ela deve fazer, os seus deveres.

Parece simples lidar com essas situações. Mas só quem passou por elas é que sabe o quanto é importante ser sensível para entender o que a criança está querendo dizer com esses comportamentos e o que ela é capaz de entender com nossos limites.

Na creche, em especial, o educador deve ser sensível e atento às diferenças. Cada família tem seus valores e costumes. Cada uma tem sua forma de educar os filhos e de julgar a forma do educador da creche. É preciso que pais e educadores troquem informações para não haver mal-entendidos.

Afinal, família e creche não querem que as crianças precisem fazer birra. Para isso, as crianças devem ter as regras bem marcadas e espaço para se expressarem. E os pais e educadores precisam trabalhar em conjunto.

53 • Pensando a disciplina

*Trabalhar regras é mais importante
do que ter uma classe quietinha.*

Lenice Frazatto

Crianças atropelando-se umas às outras na hora de falar. Todas pedindo ajuda ao mesmo tempo. Crianças desatentas, que se distraem com tudo em vez de se concentrarem na tarefa. Crianças que se mexem demais...

Nos momentos de atividades pedagógicas, principalmente as mais dirigidas ou complexas, como as de colagem, pintura ou preparação de um teatrinho, qual educador nunca se viu diante de crianças que fazem mil comentários, pedidos ou reclamações?

Para trabalhar a questão da disciplina com crianças em idade pré-escolar, precisamos pensar na idade delas, em suas capacidades e em como podemos organizar as atividades para que elas tenham maior participação e mais atenção.

As crianças da creche e pré-escola ainda não conseguem ficar paradas por muito tempo, ouvindo longas explicações ou esperando para receber o material com que vão trabalhar. É interessante que, ao propor uma atividade, o educador já tenha preparado o material a ser utilizado, o ambiente em que trabalhará com o grupo e, sobretudo, seja objetivo e claro ao falar para as crianças que tipo de atividade realizarão e como devem se comportar no decorrer desta.

Além disso, temos que pensar o tempo de duração das atividades. As crianças nessa faixa etária não são capazes de passar muito tempo em uma só atividade. Além de sua curiosidade ser muito grande, fazendo com que ela desperte o interesse por outras coisas, ela aprende agindo, brincando e se movimentando no espaço.

Observando então as características dessa faixa etária, é importante que, no dia-a-dia da creche e da pré-escola, procuremos organizar as atividades buscando equilibrar os momentos de maior concentração e pouco movimento físico com aqueles mais agitados, em que a criança se movimenta mais livremente. Caso contrário, estaremos contribuindo para que as crianças fiquem desatentas, irritadiças, bagunceiras. Em uma só palavra: *indisciplinadas*.

Não estamos dizendo, com isso, que as normas estabelecidas pelo educador devam ser deixadas de lado. Ao contrário, as regras são de fundamental importância para o desenvolvimento das atividades, pois é no contato com elas que as crianças poderão se orientar e saber como devem agir nos diversos momentos de sua rotina.

Desde cedo, o educador deve começar a introduzir algumas regras. Para isso, montar atividades diárias como conversas de roda pode ser muito interessante. Na roda é possível estabelecer, junto com as crianças, regras necessárias em jogos e brincadeiras, bem como sobre a vez de cada um falar, os momentos de sentar ou de levantar etc. As regras podem ser registradas conjuntamente com as crianças em quadros de aviso a serem dependurados em locais de fácil acesso, lembrando sempre o combinado.

Ao participar da construção de regras, a criança aprende a ser parte de um grupo, ao mesmo tempo em que desenvolve sua autonomia. Mas, para isso, é necessário que o educador tenha segurança sobre os limites que deseja estabelecer. Precisa também ser franco com as crianças, explicando por que algo pode ou não ser feito. Não é preciso abrir mão da sua autoridade, mas é importante não ser prepotente ou desvalorizar a criança que deixe de cumprir alguma regra. A compreensão, pelo educador, dos limites da criança para cumprir as regras e do processo pelo qual essa capacidade se desenvolve é fundamental para possibilitar o direito de expressão da criança.

Respeitar o combinado é um exercício difícil até para os adultos. Para as crianças, a dificuldade pode ser um pouco maior, já que muitas vezes ela está, ao mesmo tempo, tentando obedecer ao adulto e tentando entender por que aquilo não deve ser feito. Não se deve esquecer que ela ainda está desenvolvendo essa habilidade de entender e respeitar regras de convivência social. Nos momentos em que ela descumprir um acordo elaborado em grupo, o educador pode relembrá-la do que o grupo decidiu, mas é bom fazê-lo de forma que ela não se sinta humilhada na frente dos coleguinhas ou que tenha afetada sua autoestima.

Como acontece com a educação de práticas de higiene ou com a educação alimentar, várias vezes o educador terá de voltar ao assunto das regras com o grupo. Através desse exercício, a criança entenderá que a regra serve para estabelecer os direitos e deveres de cada um, e não é apenas uma proibição.

Trabalhar regras com as crianças é um exercício longo, que pede constância, paciência e tenacidade. Mas fará nossas crianças capazes de conviver de forma saudável e gostosa com as diferenças entre as pessoas, respeitando-as em seus limites.

A creche no seu dia-a-dia

Fotos Acervo Creche Carochinha

Quantas experiências interessantes permitem situações educativas. As crianças se sentem provocadas a tomar iniciativa e logo o repertório gestual se amplia, buscando continuadamente novos espaços e objetos.

Pátios, parques e jardins que possibilitam brincadeiras entre crianças, e entre adultos e crianças. Essas diferentes interações propiciam autonomia de forma a inspirar novos jogos com novas regras e ações diversificadas.

Os espaços externos são os prediletos das crianças. Coletas, classificação de sementes, folhas e insetos provocam dezenas de perguntas, gerando um ciclo de investigações e pesquisas entre as crianças, como também entre os adultos.

Brincar em grupo, com parceiros prediletos, poder ficar sozinha, poder estar com o adulto querido ouvindo histórias ou brincando resulta em ambientes agradáveis e íntimos da criança, de seus educadores e de sua família.

Participar com maior autonomia das situações de refeições favorece o apetite e o desenvolvimento. Organizar piqueniques, planejar situações em que as crianças possam fazer alguns preparos culinários, organizar hortas e coletar frutas amplia o repertório alimentar das crianças.

A água deve ser um elemento importante dos planejamentos. Brincar com água, tomar banho em chuveiros externos, brincar com mangueiras e piscinas ampliam as ocorrências de interações positivas. O banho pode ser um momento lúdico, em que a criança aprende a cuidar de si, do outro e do ambiente.

A parceria com as famílias na organização de festas e eventos é fundamental para aproximá-las dos projetos da instituição. Família e comunidade devem organizar conselhos e associações para educar e cuidar dos pequenos, enfrentando as contradições do dia-a-dia nas creches e pré-escolas.

Rodrigo Flauzino confecciona brinquedos a partir de sucatas diversas

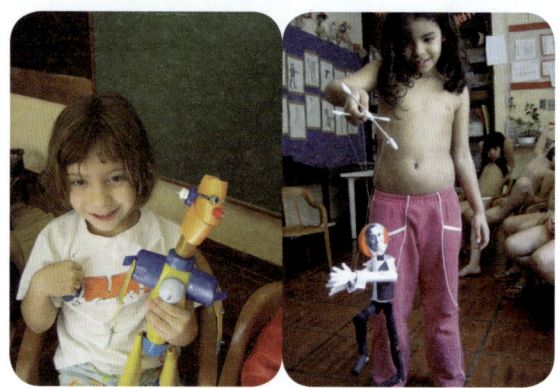

foto Arnaldo Sannazzaro

Organizar espaços e objetos, construindo brinquedos coletivos com e para as crianças é uma das tarefas dos professores na educação infantil. Esses objetos são divertidos e podem ser construídos utilizando todas as riquezas regionais brasileiras e diferentes sucatas.

Batata Quente

CRECHE CAROCHINHA
USP Ribeirão Preto
Ano 10 Nº 15 - Dezembro 2001

BATATA QUENTE
Creche Carochinha
USP Ribeirão Preto
Ano 10 nº 15 Dezembro/2001

54 • Avaliação na Educação Infantil

Como construir uma imagem positiva da creche ou pré-escola para a comunidade?

Tatiana Noronha de Souza
Ana Maria Mello
M. Clotilde Rossetti-Ferreira

A educação coletiva de crianças de zero a seis anos tem tido grandes avanços. Novos fazeres estão sendo construídos, com a sistematização de conhecimentos e legislações, o aumento da demanda que provoca a organização de políticas públicas na área, e a ampliação de qualidade devido às avaliações continuadas.

O que e para que avaliar?

A palavra avaliação em educação é sempre pronunciada com muito cuidado. Por que isso acontece? Uma avaliação adequada da educação infantil pode auxiliar a melhorar a qualidade? Que metodologias devem ser usadas?

São perguntas que aparecem cada vez com mais frequência neste momento em que a avaliação da Educação ganhou destaque no debate público. Para avaliar é preciso que todos aqueles envolvidos na educação façam perguntas e coletem informações para tentar respondê-las. Concepções, ideias e princípios devem ser discutidos ao analisar e interpretar as informações obtidas. Por isso, trata-se de um ciclo permanente de conversas, debates e decisões.

Mas o que se deve avaliar? O desempenho da criança diante de tarefas específicas, definidas pelo adulto? Como respeitar os ritmos diferentes com que a criança se desenvolve? Andar e falar mais cedo ou mais tarde, por exemplo, não indica que a criança será mais ou menos inteligente ou que vai ter sucesso escolar. Ou se avalia as condições de desenvolvimento que a instituição oferece aos pequenos?

A polêmica permanece mesmo se considerarmos o processo de avaliação de estudantes de ensino fundamental e médio, que começa a ser assimilado, com a construção de sistemas nacionais de avaliação. Mas o caso da educação infantil é especial devido às características desenvolvimentais da criança pequena.

Conforme apresentamos no *Capítulo 55 — As leis e as normativas da educação infantil brasileira*, as Diretrizes Curriculares Nacionais para a Educação Infantil e a Lei de Diretrizes e Bases da Educação Nacional sugerem o acompanhamento e registro do desenvolvimento infantil, sem o objetivo de promoção. É fundamental observar o percurso de cada criança, verificando como ela está evoluindo, sem buscar classificá-la com relação a parâmetros externos. O ideal é que essa observação seja realizada pelas diversas pessoas envolvidas com a educação da criança: educadores, técnicos, pais e gestores. Muitos aspectos podem ser observados, por exemplo: como se relacionam com os adultos e outras crianças, como passam o dia, do que gostam e não gostam de brincar, do que gostam de comer e como gostam de dormir.

Mesmo que o objetivo desse tipo avaliação não esteja na promoção da criança de um grupo para outro, ainda falta uma outra avaliação extremamente importante: a qualidade do contexto desenvolvimental que a instituição oferece para as crianças. Assim, nos parece pouco eficiente avaliar o desenvolvimento da criança, sem antes avaliar a qualidade do Projeto Pedagógico que vem sendo desenvolvido. Isto é: o ambiente com seus espaços, tempos, funcionalidades e principalmente com suas interações no cotidiano da creche ou pré-escola. Um projeto pedagógico que favoreça autonomia no desenvolvimento de brincadeiras, e que atribua um papel ativo às crianças, seus educadores e suas famílias, no desenvolvimento das atividades cotidianas.

Portanto, para começar é preciso avaliar a qualidade das experiências que a instituição oferece para o desenvolvimento infantil. Como organizar essa avaliação?

Os diferentes olhares

Para avaliar é necessário obter informações para tentar responder muitas perguntas feitas pelas crianças, seus educadores, suas famílias e comunidade. Porém, olhares diversos envolvem a educação e cuidado da criança pequena. O olhar da criança sobre tempo para brincar é igual a da sua mãe ou de seu educador?

Quais são esses olhares?

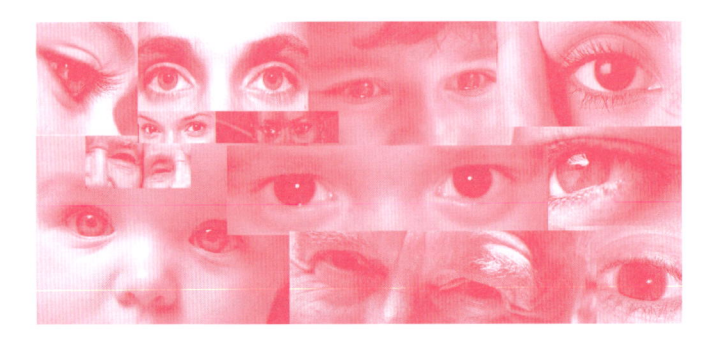

Olhar da criança — Como o Projeto Pedagógico é vivido por ela? Seus desejos e necessidades estão sendo atendidos? Ou apenas aquelas que os adultos julgam serem necessárias? As crianças são observadas e ouvidas? Sua fala, seus sorrisos, sua disposição naquele momento, os brinquedos de que mais gosta, estão sendo observados? Há sempre uma maneira de dar escuta às crianças.

Olhar dos pais — Como eles percebem o atendimento que é oferecido? Os pais se sentem valorizados pela equipe da instituição? São considerados parceiros? São ouvidos? Suas necessidades são atendidas? Percebem mudanças positivas no desenvolvimento da criança, ao longo do tempo que passa na instituição? Essa escuta pode ser dada através de várias ações complementares, tais como: reuniões de avaliação coletiva, preenchimento de questionários, registros escritos, encontros informais, encontros temáticos, em diversos colegiados.

Olhar da equipe — são avaliações que a própria equipe faz do trabalho. A equipe deve estabelecer formas de avaliar o quanto o Projeto Pedagógico proposto vem sendo realmente desenvolvido e o quanto ele responde às necessidades das crianças e pais. O ideal é que essa avaliação conte com a participação de toda a equipe, e não apenas dos gestores, incluindo diferentes formas de coleta: registros escritos, produções das crianças, diários, fotografias e filmes.

Olhar de todos – respeitando a legislação — a instituição está respondendo às normas legais? Tais como: razão adulto/criança, qualidade do equipamento e materiais, formação dos educadores, respeito às condições de higiene, saúde e segurança. Essa avaliação deve ser realizada pelas equipes de supervisão das secretarias municipais e estaduais de educação, responsáveis por autorizar e supervisionar o atendimento das instituições de educação infantil. Devem ser acompanhada e debatida pelos Conselhos de Direitos, Conselhos de Educação, bem como os conselhos de cada unidade educativa.

Esses diferentes olhares reconhecem que a avaliação precisa ser realizada por todas as pessoas envolvidas na educação infantil. Para cada grupo, é necessário pensar em diferentes formas de avaliação. É interessante fazê-las de forma sistemática — mensal, semestral e anual — pois algumas decisões são a médio ou longo prazo, outras são urgentes, e outras são frequentes. Após coletadas, as informações devem ser sempre discutidas e postas em prática.

Que indicadores podem nos auxiliar? Como construí-los?

Considerando a capacidade da criança pequena de ser educada nas mais diferentes sociedades e costumes, não é possível definir com precisão as melhores condições para o desenvolvimento da criança pequena. Essa definição deve sempre considerar o contexto sócio-histórico em que a criança e sua família estão inseridas.

No Brasil, o Ministério da Educação tem organizado publicações relativas à qualidade das condições de atendimento na educação infantil. São vários documentos que podem auxiliar as instituições a construírem seus indicadores de qualidade. Os *Parâmetros Nacionais de Infraestrutura para Instituições de Educação Infantil* (2005), os *Parâmetros Nacionais de Qualidade para a Educação Infantil* (2005), outros foram organizados junto aos movimentos sociais[1] como: *Qualidade da Educação Infantil: o que pensam e querem os sujeitos deste direito* (2006); o *Custo Aluno Qualidade inicial* (CAQi, 2007). São documentos que estabelecem alguns padrões para orientar o sistema educacional, bem como as instituições, no que se refere à organização e ao funcionamento das unidades de ensino.

Para tanto alguns princípios devem ser definidos como fundamentais, tais como: as condições de acolhimento, a indissociabilidade do cuidar e educar, um ambiente que propicie a exploração e o desenvolvimento da autonomia, um uso individual e coletivo que leve em conta as habilidades que as crianças possuem, as interações das crianças e delas com os adultos, as aprendizagens sobre o cuidado de si, do outro e do ambiente e a participação ativa da família.

Há, portanto, um esforço na construção de indicadores em várias esferas da administração pública, nas universidades e centros de pesquisa. Porém, cabe à instituição selecionar e construir os que julgam mais adequados para a sua comunidade e Proposta Pedagógica. Esses indicadores devem considerar as características de desenvolvimento

---

1. Movimento Interfóruns — MIEIB e Campanha Nacional pelo Direito à Educação.

das crianças atendidas e as condições onde a unidade educativa está inserida. Deve-se ainda considerar os equipamentos sociais, que são os recursos das famílias e da comunidade, tais como: praças, feiras, bibliotecas, praias, enfim, as possibilidades disponíveis no contexto e que estejam abertas à comunidade.

Assim, é possível organizar o tempo, espaço e material disponível para conseguir que as crianças, com autonomia, possam ir desenvolvendo o que é proposto no programa da unidade educativa. É importante que a instituição verifique se está oferecendo desafios para que as crianças possam explorar o espaço em segurança, se a organização das atividades oferecidas é adequada ao seu desenvolvimento e se podem ser realizadas em parceria com o outro, com o apoio e supervisão do adulto.

É necessária a implantação de uma prática de observar a criança e reorganizar os programas e o ambiente, a partir dessa observação, em um contínuo observar-avaliar-reorganizar-observar... Isso porque, como a criança se desenvolve rapidamente, o adulto precisa estar continuamente *observando* esse desenvolvimento para ser capaz de propor-lhe novos desafios. O exercício dessa observação vai torná-lo capaz de reconhecer os diferentes olhares descritos acima e perceber o que cada criança e seu grupo precisam.

É fundamental que a instituição se pergunte, sistematicamente, se está respondendo aos objetivos que a comunidade educacional estabeleceu para a educação infantil e *de que maneira vem desenvolvendo-os*, procurando responder questões, tais como:

A instituição respeita os diferentes tempos da criança? Organiza os espaços de forma a favorecer o brincar em todos os momentos do dia? Dá possibilidades de escolha? Respeita a individualidade? Oportuniza a construção da identidade pessoal e cultural e a expressão da criança através de diferentes linguagens? Além disso, empenha-se de todas as formas para melhorar a qualidade da formação continuada dos seus educadores?

Apostamos que desta forma a tão esperada *qualidade continuada* para a educação infantil poderá ser alcançada. Cabe, porém, alertar que nunca se atinge a perfeição, obter qualidade é um processo em contínua construção.

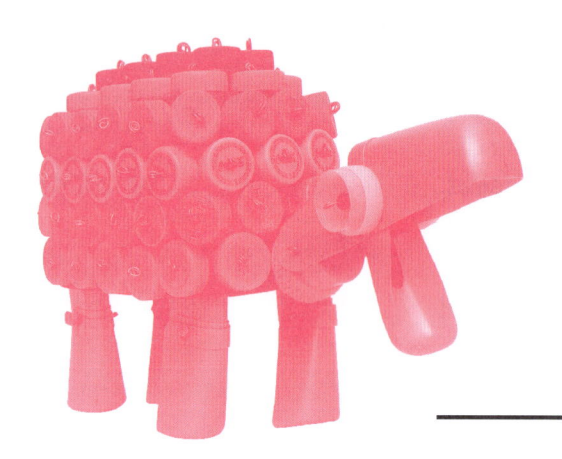

55 • As leis e as normativas da educação infantil brasileira

Ana Paula Soares-Silva
Ana Maria Mello
Rosa Virgínia Pantoni
M. Clotilde Rossetti-Ferreira

Conversar sobre leis, normas e regulamentação é sempre visto como desinteressante. Mas como saber o que reivindicar; como organizar e construir creches e pré-escolas se não sabemos o que podemos gerir na educação infantil? Nesse artigo, vamos contar a história de como algumas leis foram construídas e quais são os impactos de algumas delas nas unidades de educação infantil.

Nos últimos vinte anos, a educação infantil vem sofrendo mudanças significativas. Num movimento de avanços e retrocessos na área, o balanço do período é positivo, em particular, no que se refere à legislação. A própria existência das leis, ao mesmo tempo em que reflete algumas das conquistas dos movimentos de defesa da educação infantil, também empresta, a esses movimentos, força para a continuidade da luta por uma educação de qualidade.

Essas leis, por sua vez, também impulsionaram a elaboração de documentos que hoje orientam a área. Os textos, no geral, superam uma concepção histórica que atribuía às creches um mero papel de guarda e caminham para o reconhecimento desse atendimento como um direito da criança e dessas instituições como espaços de promoção de seu desenvolvimento.

Vamos começar apresentando a Constituição Federal. Essa é a Lei que estabeleceu as bases para o desenvolvimento de políticas públicas educacionais pautadas numa concepção de criança portadora de direitos.

Constituição Federal

A Constituição Federal de 1988 representa uma das contribuições mais valiosas na garantia de nossos direitos. Ela é fruto de um amplo movimento de discussões e participação popular, intensificado com o processo de transição do regime militar para a democracia. Dessa participação, resultou um texto constitucional avançado e que estabelece as bases para a construção de uma sociedade livre, justa e solidária (art. 3°). Esses avanços refletem ainda as concepções atuais sobre os direitos e as obrigações existentes na relação entre o Estado (Poder Público) e os indivíduos.

Com a educação infantil não foi diferente. A Constituição Federal é um marco na história da área, uma vez que coloca o atendimento em creche no Capítulo da Educação. Também define claramente a educação infantil como um *dever* do Estado e um *direito* das crianças.

O artigo 208, inciso IV, diz o seguinte:

* *"Artigo 208. O dever do Estado com a educação será efetivado mediante a garantia de:*
IV – atendimento em creche e pré-escola às crianças de zero a seis anos de idade."

Embora a Constituição Federal também estabeleça a assistência gratuita em creche e pré-escola como um direito social dos trabalhadores urbanos e rurais (art. 7°, inciso XXV), o artigo 208 não deixa dúvidas de que esse direito pertence às crianças.

Também o artigo 227 universaliza o direito à educação uma vez que o destaca no rol dos direitos fundamentais da criança e do adolescente. O artigo 227 foi resultado da mobilização e da pressão exercida por diversos setores ligados à infância. Representa o reconhecimento da criança e do adolescente como sujeitos de direitos e os coloca como prioridade nacional.

O direito à educação infantil, como todos os direitos das crianças, deve ser zelado e garantido pelo Poder Público, pela família e pela sociedade. No que se refere ao Poder Público, no Artigo 211, parágrafo 2°, a Constituição Federal define que os municípios devem atuar prioritariamente no ensino fundamental e na educação infantil. Essa delimitação não impede que sejam feitos programas, para a educação infantil, pela União e pelos Estados, uma vez que, de acordo com esse mesmo artigo, a União, os Estados e os Municípios deverão organizar seus sistemas de ensino em regime de colaboração. Os municípios devem buscar essa colaboração já que essa é uma de suas competências: "manter, com cooperação técnica e financeira da União e do Estado, programas de educação infantil e de ensino fundamental" (art. 30, inciso VI).

União, Estados e Municípios devem atuar não apenas no sentido de garantir a vaga em creche e pré-escola, mas de atender plenamente o direito à educação, o que necessariamente requer acesso com qualidade. Quando dizemos que toda criança tem direito à educação infantil, significa dizer toda criança tem: direito a vaga em escola pública (art. 205); gratuita e de qualidade (art. 206, incisos IV e VI) e em igualdade de condições para acesso e permanência (art. 206, inciso I).

Assim, na educação infantil, a Constituição contribuiu para a construção de uma visão de atendimento em creche e pré-escola não mais como um favor ou direito dos pais, mas como um direito da criança que deve ser garantido.

Após dois anos de Constituição, foi promulgada uma Lei específica para as crianças e os adolescentes — o *Estatuto da Criança e do Adolescente* (ECA).

Estatuto da Criança e do Adolescente

O ECA (Lei Federal nº 8.069/90) foi resultado da pressão exercida pela participação de diversos setores sociais. Sua promulgação não se constitui em excesso de direitos às crianças e adolescentes, como algumas pessoas e setores pensam e divulgam. Na verdade, no momento de sua elaboração, em muitos aspectos, nossas crianças e adolescentes contavam com menos direitos e garantias do que a população adulta. Além disto, o ECA veio legalmente reconhecer a criança e o adolescente como pessoas em condições peculiares de desenvolvimento. Ou seja, não podem mesmo ser considerados como adultos, pois não são adultos. Não possuem o mesmo conhecimento sobre a dinâmica e o funcionamento da sociedade e de suas instituições. Não possuem o mesmo poder de negociação, de organização e de reivindicação de seus direitos. Por isto, eles devem estar garantidos em uma lei especial.

Esta lei regulamentou o Artigo 227 da Constituição Federal. É por isso também que, em seu Artigo 4º, o ECA reafirma a responsabilidade da família, da sociedade, da comunidade e do poder público em assegurar, com absoluta prioridade, os direitos da criança, dentre eles, o direito à educação.

No ECA, o dever do Estado em relação à educação infantil é descrito no Artigo 54, inciso IV, da mesma forma como está na Constituição Federal. Também são válidas, para a criança da educação infantil, as garantias estabelecidas no Artigo 53, que diz respeito à educação de um modo geral: direito à educação visando ao pleno desenvolvimento de sua pessoa; preparo para o exercício da cidadania; igualdade de condições de acesso e permanência na escola; direito de ser respeitada pelos educadores; acesso à escola pública e gratuita próxima de sua residência; direito dos pais de ter ciência do processo pedagógico.

De fato, esta Lei significa mais do que um simples instrumento jurídico. Ela inseriu as crianças e adolescentes brasileiros no mundo dos direitos, especificamente, no mundo dos Direitos Humanos.

O ECA estabeleceu um sistema de elaboração e fiscalização de políticas públicas voltadas para a infância, tentando com isto impedir desmandos, desvios de verbas e violações dos direitos das crianças. A elaboração das políticas é uma função do Conselho Municipal dos Direitos da Criança e do Adolescente.

O ECA serviu ainda como base para a construção de uma nova forma de olhar a criança: uma *criança com direito de ser criança*. Direito ao afeto, direito de brincar, direito de querer, direito de não querer, direito de conhecer, direito de sonhar. Direito ainda de opinar: pelo ECA, a criança e o adolescente são considerados *sujeitos* de direitos. Os programas e as instituições não podem, portanto, encarar as crianças apenas como objetos de ação, mas como sujeitos, com direito à participação. A fiscalização das entidades assim como a aplicação de medidas de proteção às crianças é uma das competências do chamado Conselho Tutelar. A garantia dos direitos da criança é de responsabilidade de toda a sociedade.

Em relação à educação infantil, todos estes pontos devem também estar presentes. As propostas pedagógicas devem considerar a criança integralmente. Essa nova forma de olhar a criança e para a criança tem requerido a construção de novos modos de educar e cuidar. Não é apenas uma nova lei: são novos valores, novos rumos, novas bases teóricas e filosóficas, novos conhecimentos, novos relacionamentos. Um desafio para a pesquisa e a prática; um estímulo à elaboração de políticas públicas.

No contexto de construção da democracia e de uma nova concepção de infância, após oito anos da nova Constituição, uma outra lei também foi promulgada para tratar das questões relativas ao direito à educação das crianças e adolescentes – a LDB.

Lei de Diretrizes e Bases da Educação Nacional

A Lei de Diretrizes e Bases da Educação Nacional (LDB, Lei Federal nº 9.394-96), em vários de seus artigos, reafirma conquistas presentes na Constituição Federal. Por exemplo, em seus artigos 3º (incisos I, VI e IX) e 4º (inciso IV), ela repete o dever do Estado mediante o oferecimento, em creches e pré-escolas, de atendimento público, gratuito, de qualidade.

Também é necessário dizer que a LDB impulsionou novas ações, ao longo dos últimos anos, na educação infantil. Portanto, favoráveis ou não à LDB ou à forma como ela foi elaborada, é importante reconhecer que, nessa Lei, foram concretizadas algumas conquistas importantes para a nossa área.

Do ponto de vista das mudanças, uma primeira consideração diz respeito à própria inclusão do atendimento em creches e pré-escolas na área da educação. No Artigo 21, ao tratar da composição dos níveis escolares, a LDB classifica a educação infantil como parte da Educação Básica:

• *"Artigo 21. A educação escolar compõe-se de: I – educação básica, formada pela educação infantil, ensino fundamental e ensino médio; II – educação superior."*

A Lei reconhece assim que as creches e pré-escolas desempenham um papel importante no desenvolvimento e educação das crianças. Os municípios tiveram o prazo de três anos para integrarem as creches e pré-escolas aos seus sistemas de ensino (art. 89). Essa mudança teve um impacto maior no segmento creche, uma vez que, durante muito tempo, ele esteve vinculado aos órgãos de assistência.

Apesar de, na LDB, a Seção de Educação Infantil contar com apenas três artigos (art. 29, 30 e 31), cabe dizer que todas as questões gerais presentes em outros capítulos que se referem à educação básica, afetam também a educação infantil, uma vez que agora ela é parte desse nível de ensino.

Em relação às questões específicas, a LDB fez avançar as discussões que, à época, permeavam a educação infantil.

O Artigo 29 estabelece a finalidade da educação infantil e não deixa dúvidas quanto à escolha de uma proposta afinada com a doutrina da proteção integral, que orienta o ECA e as atuais normativas em relação à infância.

- *"Artigo 29. A educação infantil, primeira etapa da educação básica, tem por finalidade o desenvolvimento integral da criança até seis anos de idade, em seus aspectos físico, psicológico, intelectual e social, complementando a ação da família e da comunidade."*

Entendemos que, pós-LDB, o princípio norteador das ações das instituições de educação infantil é o desenvolvimento integral da criança. Assim, as discussões por vezes infindáveis e repetitivas sobre as funções da educação infantil são agora esvaziadas. Propostas de organização de tempo e espaços que priorizam apenas alguns aspectos da criança não cumprem a função definida por lei. A criança da educação infantil não pode ser dividida e deve ser atendida na integralidade de suas necessidades e potencialidades físicas, psicológicas, intelectuais, sociais e culturais.

Organizar propostas pedagógicas na direção desse entendimento é um desafio que muitas vezes precisa ser enfrentado, já que ainda são fortes as determinações históricas da área, que ora privilegiaram o atendimento ao corpo, ora estimularam rotinas e atividades que destacavam a criança que pensa e escreve. Nesse sentido, o Artigo 29 aponta para ações indissociáveis de educação e cuidado. Se para todos os níveis de ensino é impossível falar de uma educação que não cuide e de um cuidado que não forme e eduque, na educação infantil isso é ainda mais evidente diante das peculiaridades da faixa etária atendida.

Um outro ponto que merece destaque no Artigo 29 é que, ao estabelecer um papel de complementaridade à ação da família e da comunidade, o artigo aponta para uma especificidade da educação infantil que não se confunde com as funções das duas outras instâncias.

Essa confusão foi recorrente em vários momentos da história e presente em alguns modelos de atendimento. Há que se buscar um atendimento que conheça e faça avançar a particularidade das ações das creches e pré-escolas e que, ao mesmo tempo, dê conta de articulá-la às ações da família e da comunidade. A educação infantil não substitui a educação familiar; ela a complementa. Sem uma relação que promova a participação das famílias na creche e na pré-escola, que faça encontrar e dialogar as especificidades e contribuições de cada uma dessas instâncias, não há como efetivar o desenvolvimento integral da criança.

O Artigo 30, por sua vez, preocupou-se em regular a denominação das instituições:

- *"Artigo 30. A educação infantil será oferecida em: I – creches, ou entidades equivalentes, para crianças de até três anos de idade; II – pré-escolas para as crianças de quatro a seis anos de idade."*

Desse modo, a lei procurou romper com a prática vigente à época, segundo a qual o nome "creche" era dado, geralmente, para as instituições ligadas aos bairros mais pobres, onde ficavam as crianças de famílias com menor renda. "Escolinha" era, geralmente, o nome mais escolhido para as instituições privadas, onde ficavam as crianças cujas famílias possuíam poder aquisitivo maior. Em geral, esses nomes eram dados independentemente da idade das crianças.

Com a LDB, creche, pública ou particular, é a instituição para crianças de zero a três anos, e pré-escola, pública ou particular, para crianças de quatro a seis. Essa denominação independe do período atendido (integral ou parcial), do bairro em que está instalada, da classe social das famílias atendidas ou da forma de contrato estabelecida entre a família e a instituição.

No Artigo 31, a LDB orienta quanto às possibilidades e usos da avaliação:

- *"Artigo 31. Na educação infantil a avaliação se fará mediante acompanhamento e registro do seu desenvolvimento, sem objetivo de promoção, mesmo para o acesso ao ensino fundamental."*

No momento de promulgação da LDB, pesquisas nacionais denunciavam que, no país, muitas crianças acima de sete anos de idade ainda se encontravam matriculadas na pré-escola. A retenção na pré-escola ocorria em função de uma prática de avaliação que julgava se a criança estava apta para ingressar no ensino fundamental. O Artigo 31 veta essa prática. Apresenta uma proposta nova de avaliação, pautada no registro e no acompanhamento contínuo, que atenda apenas ao objetivo da promoção do desenvolvimento da criança e nunca da promoção para outro nível de ensino.

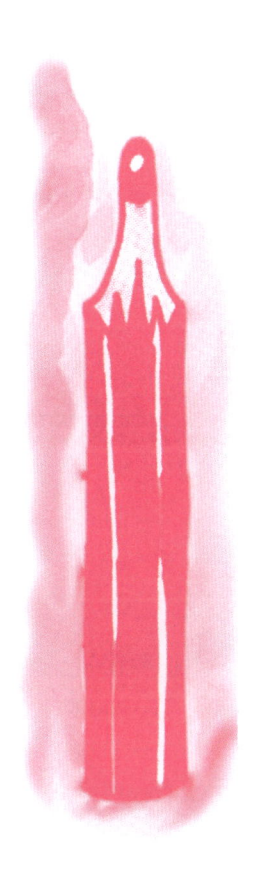

No Artigo 11, inciso V, a LDB reafirma a Constituição Federal quando diz que os municípios devem prioritariamente atuar na educação infantil e no ensino fundamental e acrescenta que é:

• *"...permitida a atuação em outros níveis de ensino somente quando estiverem atendidas plenamente as necessidades de sua área de competência e com recursos acima dos percentuais mínimos vinculados pela Constituição Federal à manutenção e desenvolvimento do ensino."*

Também no mesmo artigo, no inciso IV, a LDB afirma que cabe ao município "autorizar, credenciar e supervisionar os estabelecimentos de ensino". Anteriormente à LDB, as instituições de educação infantil tinham poucas exigências para sua abertura e funcionamento. Com a criação de equipes de supervisão exigidas pela LDB, as creches e pré-escolas necessitam assim passar por critérios mínimos para credenciamento; critérios esses discutidos e aprovados pelos Conselhos Municipais de Educação.

Não era comum a elaboração de propostas pedagógicas, em particular no segmento creche, fato que se modifica com o artigo 12, inciso I, que estabelece sua elaboração e execução como uma das responsabilidades dos estabelecimentos de ensino.

Essa elaboração deve obedecer aos princípios da gestão democrática, modelo adotado pela LDB no Artigo 3º, inciso VIII. A comunidade escolar e local precisa assim participar do processo de elaboração do projeto pedagógico das instituições (art. 12, incisos VI e VII; art. 13, incisos I e VI; art. 14).

Além de todas essas mudanças, a que tem tido um grande impacto na vida dos profissionais da educação infantil é aquela introduzida no Artigo 62.

O Artigo 62 estabeleceu a exigência mínima de formação para a atuação na educação básica e, consequentemente, na educação infantil:

• *"Artigo 62. A formação de docentes para atuar na educação básica far-se-á em nível superior, em curso de licenciatura, de graduação plena, em universidades e institutos superiores de educação, admitida, como formação mínima para o exercício do magistério na educação infantil e nas quatro primeiras séries do ensino fundamental, a oferecida em nível médio, na modalidade Normal."*

Historicamente, a educação infantil, em particular o segmento creche, constituiu-se por meio de uma população trabalhadora majoritariamente feminina e sem escolarização mínima exigida para a função. A contratação sem exigência de formação foi inclusive incentivada por políticas públicas nacionais de expansão de vagas. Vários estudos também demonstram que, apesar de não ser garantia, a formação dos professores é um dos principais indicadores de qualidade do atendimento. Ao exigir como formação mínima o nível médio, na modalidade normal, a LDB provocou uma necessária reorganização na realidade das instituições e dos municípios, uma vez que grande parte dos profissionais não tinha essa formação. Por ações individuais ou por iniciativas de sistemas municipais de ensino, os professores vêm sendo formados de acordo com a exigência legal. Cabe mencionar que, embora o Artigo 62 admita a formação mínima de nível médio na modalidade normal, o mesmo artigo indica a formação superior como necessária para a atuação. Na tentativa de esclarecer ambiguidades que a redação do artigo gerou, a Câmara de Educação Básica, do Conselho Nacional de Educação, emitiu pareceres que falam a favor da aceitação da formação mínima em nível médio, mas, insistem na meta da formação em nível superior. Nas disposições transitórias da LDB, o Artigo 87, parágrafo 4°, estipula que "até o final da década somente serão admitidos professores habilitados em nível superior ou formados por treinamento em serviço".

Essa meta foi revista no Plano Nacional de Educação e foi ampliado o prazo para 2010. Em 2000, foi votada a primeira versão do PNE.

Plano Nacional de Educação

A LDB, em seu Artigo 87, parágrafo 1°, estabeleceu o prazo de um ano para que a União encaminhasse ao Congresso Nacional o Plano Nacional de Educação (PNE), em sintonia com a Declaração Mundial de Educação para Todos. O Plano Nacional de Educação é uma exigência da Constituição Federal em seu Artigo 214. O Plano em vigor foi votado em janeiro de 2001 (Lei Federal n° 10.172).

De acordo com esse artigo, o PNE deve visar "à articulação e ao desenvolvimento do ensino em seus diversos níveis e à integração das ações do poder público", que conduzam, dentre outras coisas, à erradicação do analfabetismo, à universalização do atendimento escolar e à melhoria da qualidade do ensino. O Plano estabelece ainda diretrizes para a formação e valorização dos profissionais da educação e para a gestão e financiamento da educação. O Plano Nacional estabelece as metas para a educação para um período de dez anos.

Em relação à educação infantil, são 26 metas específicas.

A primeira delas busca enfrentar o enorme déficit de vagas e propõe a ampliação da oferta de modo a atender, até o final da década, a "50% das crianças de 0 a 3 anos e 80% das de 4 e 5 anos". Essa meta tem sido um importante instrumento para os movimentos sociais na luta pela ampliação de vagas na educação infantil, que procuram forçar o poder público, inclusive com ações na justiça, a aumentar o investimento na área.

Demais metas estabelecem prazos para que sejam instituídos: parâmetros de qualidade dos serviços de educação infantil; padrões mínimos de infraestrutura para o funcionamento das instituições; programa nacional de formação de professores; critérios mínimos para contratação de profissionais; formulação de projetos pedagógicos pelas instituições; implantação de um sistema de acompanhamento, controle e supervisão da educação infantil; implantação de conselhos de escola; instituição de mecanismos de colaboração entre educação, assistência e saúde; atendimento integral para as crianças de 0 a 6 anos.

O PNE é de extrema importância, uma vez que representa a demanda coletiva sobre a educação, assim como orienta as ações do executivo extrapolando os limites de um mandato de governo. Ao mesmo tempo em que o Plano reconhece a situação atual da educação infantil, aponta o necessário investimento na área e as possibilidades de superação dessa realidade ao longo de uma década.

O Plano Nacional de Educação estabeleceu, em seu Artigo 2°, que os Estados, Distrito Federal e Municípios elaborem seus planos decenais correspondentes.

Diretrizes Nacionais para a Educação Infantil

As Diretrizes Nacionais para a Educação Infantil são uma Resolução da Câmara de Educação Básica do Conselho Nacional de Educação (Resolução CEB n° 01/1999). Como o próprio nome indica, essa Resolução institui as diretrizes curriculares a serem observadas na organização das propostas pedagógicas das instituições de educação infantil, assim como nos seus desenvolvimentos e nas suas avaliações (art. 1° e 2°).

Todas as creches e pré-escolas do país, portanto, ao elaborarem seus projetos político-pedagógicos, necessitam atender aos fundamentos estabelecidos nas Diretrizes.

Três princípios devem ser respeitados nas propostas pedagógicas: (1) Éticos da autonomia, da responsabilidade, da solidariedade e do respeito ao bem comum; (2) Políticos dos direitos e deveres de cidadania, do exercício da criticidade e do respeito à ordem democrática; (3) Estéticos da sensibilidade, da criatividade, da ludicidade e da diversidade de manifestações artísticas e culturais. As propostas deverão ainda: reconhecer a identidade da criança e da família, além dos seus profissionais e da própria instituição; promover práticas integradas de educação e cuidado; integrar diversas áreas do conhecimento e da vida em ações intencionais estruturadas, espontâneas e livres; acompanhar e registrar o desenvolvimento das crianças; serem pautadas pelo princípio da gestão democrática.

FUNDEB

Em dezembro de 2006, foi aprovada, no Congresso Nacional, a Emenda Constitucional nº 53/06 que criou o FUNDEB – Fundo de Manutenção e Desenvolvimento da Educação Básica e de Valorização dos Profissionais da Educação. A regulamentação do FUNDEB foi feita por meio de uma Medida Provisória (MP 339/2006). Em 20 de junho de 2007, foi enfim sancionada a Lei nº 11.494/2007.

O FUNDEB substitui o antigo FUNDEF e tem como principal objetivo elevar e distribuir melhor os investimentos na educação básica. Uma das principais críticas ao FUNDEB, na proposta original encaminhada ao Congresso Nacional, era a não inclusão do segmento creche.

Após uma ampla mobilização nacional, da qual fez parte uma série de entidades de defesa da educação infantil, sob a liderança do Movimento Interfóruns de Educação Infantil Brasileiro (MIEIB), as creches foram finalmente incluídas na proposta aprovada. Essa mobilização aconteceu ao longo de mais de um ano, com audiências junto a deputados, organização de seminários e manifestações públicas; uma dessas manifestações marcou a reivindicação como movimento dos "fraldas pintadas".

O FUNDEB terá vigência até 2020, contemplando creche, pré--escola, ensino fundamental e médio, educação especial e educação de jovens e adultos. Infelizmente, os valores de referência para uma criança da educação infantil são menores do que os valores dos ensinos fundamental e médio. Todo processo e essa diferença na distribuição dos recursos indicam ainda a desvalorização da educação infantil e a necessidade de continuidade na luta pelo reconhecimento da área e pela qualidade do atendimento.

Documentos do Ministério da Educação

Impulsionados pelas diferentes conquistas legais, nas últimas décadas, vários documentos foram produzidos pelo Ministério da Educação, no âmbito da Coordenadoria de Educação Infantil (COEDI). Abaixo serão listados alguns documentos, com breve apresentação dos que acreditamos terem maior impacto na área.

Além desses documentos, existem outros que tratam sobre educação especial, questões étnico-raciais, educação indígena e educação infantil no campo que, conjuntamente, vêm contribuindo para a consolidação das novas concepções de educação infantil e de criança, compreendida na sua concretude, pluralidade e diversidade. É preciso construir ações que considerem as crianças nas suas potencialidades e necessidades, assim como levem em consideração as especificidades de gênero, de etnia, de classe social e de grupo cultural.

No início da década de 1990, um conjunto de publicações marcou a ação do MEC no sentido da articulação de pesquisadores, da organização dos conhecimentos produzidos e da elaboração de subsídios para as políticas de educação infantil. São eles:

• *Política Nacional de Educação Infantil* (1994)

• *Por uma Política de Formação do Profissional de Educação Infantil* (1994)

• *Educação Infantil no Brasil: Situação Atual* (1995)

• *Educação Infantil: Bibliografia Anotada* (1995)

• *Propostas Pedagógicas e Currículo em Educação Infantil* (1996)

• *Critérios para um Atendimento em Creches que Respeite os Direitos Fundamentais da Criança* (1995). Elaborado pelas pesquisadoras Maria Malta Campos e Fúlvia Rosemberg, esse documento é primoroso no sentido de apontar indicadores de qualidade tanto para as instituições como para os gestores. É um primeiro material sobre qualidade na educação infantil.

No final da década de 1990, outros dois documentos foram elaborados:

• *Referencial Curricular Nacional para a Educação Infantil* (Volumes I, II e III, 1998). Esse documento apresenta algumas ideias que podem orientar a elaboração de currículos para a educação infantil. Ao contrário do que muitos imaginam, ele não é um documento normativo, portanto ele não deve ser lido como orientações para áreas de conhecimento, e sim como mais uma referência, dentre tantas outras, para a elaboração das propostas de cada instituição.

• *Subsídios para Credenciamento e Funcionamento de Instituições de Educação Infantil* (Volumes 1 e 2,). Esse material foi formulado no sentido de ajudar os municípios a elaborarem deliberações que regulamentem as instituições de educação infantil. É nele que se encontra um modelo de anteprojeto com especificação sobre razão adulto-criança, metro quadrado por criança e outros itens importantes para a garantia de um patamar mínimo de funcionamento das instituições.

Em 2002, com o intuito de estimular os sistemas de ensino a promoverem a integração das instituições de educação infantil, ainda em muitos casos vinculadas aos órgãos de assistência, foi publicado o material *Integração das Instituições de Educação Infantil aos Sistemas de Ensino – Um estudo de caso.*

Em 2005, atendendo as metas do Plano Nacional de Educação, o MEC lança, num seminário nacional, três importantes documentos:

• *Parâmetros Básicos de Infraestrutura para Instituições de Educação Infantil* (Parâmetros Básicos e Encarte, 2005). Elaborado numa perspectiva multidisciplinar, além de parâmetros de infraestrutura, o documento apresenta ainda uma sistemática de elaboração, execução e avaliação de reformas e construção de instituições de educação infantil.

• *Parâmetros Nacionais de Qualidade para a Educação Infantil* (Volumes 1 e 2, 2005). Contém referências de qualidade a serem observadas pelas instituições de educação infantil e pelos sistemas de ensino. O documento resgata as discussões acumuladas acerca da qualidade na educação infantil e aponta para parâmetros que respeitem os direitos das crianças.

• *Política Nacional de Educação Infantil: pelo direito das crianças de zero a seis anos à Educação* (2005). Apresenta a política do MEC e procura contribuir para que os sistemas estabeleçam suas políticas.

Em relação à formação de professores, destaca-se o material produzido no âmbito do *Programa de Formação Inicial para Professores em Exercício na Educação Infantil – Proinfantil*, uma proposta de formação de educadores desenvolvida pelo COEDI e pela Secretaria de Educação à distância, que busca adequar a formação de professores às exigências mínimas estabelecidas na LDB.

Novos documentos vêm sendo produzidos. Nesse sentido, visitar o sítio do MEC de tempos em tempos é uma prática necessária para quem quer ficar atualizado na política e nas orientações nacionais para a educação infantil.

Para além das leis

As leis e as normativas são resultado de lutas de diversos segmentos sociais, particularmente, de mulheres, de educadores, de militantes e de pesquisadores da área. As próprias conquistas dos últimos vinte anos inserem-se no contexto de redemocratização do país e, dessa forma, as leis concretizam debates, ideias e ações de muita gente antes mesmo desse período.

Se essas lutas fizeram avançar a área e consolidar a educação infantil como um direito da criança, há ainda muito que fazer para que o que foi conquistado nas leis e concretizado nos documentos seja realidade na elaboração das políticas públicas, na organização dos sistemas, na formação dos profissionais e, principalmente, no interior das creches e pré-escolas.

Muita violação de direito ainda persiste, seja no acesso à vaga, seja no atendimento oferecido à criança, ainda marcado por desigualdade e, muitas vezes, por relações de denominação de classe, de gênero, de raça e etária; fatos que tornam difícil constituir a criança como sujeito de direito, de desejo e de palavra.

Para superar essa situação, é importante que os movimentos sociais continuem ativos, que atuem de modo articulado a fim de consolidar a nova cultura em relação à infância e à educação infantil.

É importante que os espaços de participação e de decisão sejam ocupados, como, por exemplo, os Fóruns de Educação Infantil, os Conselhos de Educação e os Conselhos gestores do FUNDEB, para que as demandas e os direitos das crianças sejam pautados.

Nosso entendimento é de que valeu a pena lutar por toda essa legislação. Lutar sempre é bom, não é mesmo? Dá sentido à vida, constrói condições para a consolidação da democracia. Contudo, as conquistas já alcançadas necessitam de novas lutas para que haja uma educação mais justa no Brasil. É necessário que funcionários, professores, gestores e dirigentes de creches e pré-escolas, pais e comunidade em geral façam avançar as conquistas. É preciso garantir que seja aplicado dinheiro na infância e sejam respeitadas as regulamentações editadas pelos conselhos nacional, estaduais e municipais para a educação infantil. A participação democrática de quem cuida e educa na educação infantil é outra boa mudança! Conselhos Federal, estaduais e municipais têm diferentes representações.

Uma das grandes lutas que se trava agora é pela defesa de ampliação de vaga com qualidade! A LDB estabelece que o poder público deve garantir "padrões mínimo de qualidade de ensino definidos como variedade e quantidade mínimas, por aluno, de insumos indispensáveis ao desenvolvimento do processo de ensino-aprendizagem" (art. 4º, inciso IX).

Portanto, é preciso definir um custo aluno qualidade inicial (CAQi) necessário para todo o País. A Campanha Nacional pelo Direito à Educação, o Movimento Interfóruns de Educação Infantil do Brasil (MIEIB) e a *Save the Children* já deram um grande estímulo para essa discussão com a realização de uma pesquisa de âmbito nacional, na qual foram ouvidos diferentes atores institucionais sobre o tema qualidade na educação infantil. A pesquisa foi publicada pela Cortez Editora, em 2006, com o título *Consulta sobre Qualidade da Educação Infantil: o que pensam e querem os sujeitos de direito*.

Também a publicação do livro *Custo Aluno Qualidade Inicial: Rumo à Educação Pública de Qualidade no Brasil*, de Denise Carreira e José Marcelino de Rezende Pinto (Editora Global, SP, 2007), representa uma colaboração imprescindível para as discussões atuais sobre a qualidade no país. Pretende-se que os critérios do CAQi para a educação infantil, desenhados pelos movimentos sociais, sejam amplamente discutidos, analisados e implantados nas redes públicas de todo o País.

A educação infantil pública continua em debate! É por meio do movimento de muitas forças sociais que os novos desafios serão enfrentados. É esse movimento que resiste e avança!

A vontade era contar tudo de uma vez, só que...

Adriano Gosuen

Minha mãe faz um doce que é internacionalmente famoso. Dom Tarcísio, um padre italiano, provou e adorou. Queria saber o nome. Ia pedir pras freirinhas fazerem. Minha mãe foi procurar num livro...

— *"Ma che"*, a senhora não sabe o nome?

Lá foi ela explicar: não, não sabia o nome. É que a gente chamava o doce de "só que".

Nas primeiras vezes em que ela fez, a gente perguntava:

— E aí mãe, o doce ficou bom?

Ela respondia:

— Ia ficar... só que...

E cada vez era um "só que". De "só que" em "só que", o nome pegou. E o doce também. Hoje, é uma delícia.

Confesso: este é um livro "só que".

Ainda não é mundialmente famoso: o exemplar de Dom Tarcísio não chegou na Itália. Mas, como o doce, nosso livro surgiu de pequenos avanços. Felizes avanços.

Primeiro, as conquistas das educadoras da Creche Carochinha. Acostumar-se a escrever não foi simples. Cada uma delas sabe como foi difícil sentar e escrever. Porque não é só sentar e escrever. É sentar, refletir, levantar, pensar, sofrer, conversar com o outro, sentar de novo, morrer de alegria, escrever e apagar tudo, e de novo e de novo.

O que dizer dos estagiários e alunos que ao terminarem um texto percebem que faltou isso, aquilo e aquilo outro? Puxa, o texto ia ficar bom, só que... O que fazer com a vontade de contar tudo de uma vez? E quando não dá vontade de fazer doce nenhum, de não contar nada?

É mais fácil falar em voz alta o que se pensa, mas não se engane: é no texto que a gente descobre a força de atribuir e escolher palavras para significar nosso trabalho e nossas práticas. No texto a gente se bate com os embaraços das relações cotidianas da nossa vida.

Por isso, talvez, o medo do papel em branco que cada funcionário e professor, cada pesquisador, no fundo no fundo, sentem. Não é terrível descobrir que logo na primeira palavra o texto já está tomando uma direção? Direção que a gente nunca sabe direitinho onde vai dar?

O texto é um tecido de ideias. Num tecido sempre tem os buraquinhos, as pequenas faltas. Buraquinhos e faltas que são fundamentais para compor a trama. Trama que compõe os textos.

Escrever é isso: é deixar buracos. É deixar faltar. É deixar que os erros existam, ainda que tentemos sempre nos corrigir. É aceitar que tudo pode ser visto sob outro ângulo, outra maneira de ver as cores do mundo. Escrever é expor-se e admitir as incompletudes da gente. Escrever é achar que nosso texto é ainda um texto "só que".

A coisa mais difícil é espalhar por aí nossas falhas. Por isso é preciso começar devagar. É preciso ter o apoio do colega, do chefe, do técnico, da instituição. É preciso treinar. Como numa ginástica, treinar num ritmo gostoso e próprio de cada um. Foi assim que começaram os textos da Carochinha. Seis anos nos separam do primeiro **Batata Quente**, o jornalzinho da instituição. São seis anos de sofrimento e dificuldade, mas também de alegria e de prazer em realizar um jornal que é nosso, com a cara da gente.

Como qualquer texto, como o *Batata*, este livro é recheado de faltas, falhas e buracos. Nosso livro é um rechonchudo "só que". Sempre faltando algo. Sempre a ser melhorado. Sempre com um ponto a acrescentar, uma ideia a complementar, um aspecto por abordar. Mas é o nosso livro, com a nossa cara. Nele você encontrou conflitos de posições, dificuldades de toda sorte, mas também sacadas legais, olhares inusitados, belezas escondidas.

A qualidade deste livro não deve ser avaliada apenas por seu conteúdo. Deve ser medida pelo processo de construção, de reflexão que promoveu na Carochinha e no Cindedi e que pode promover em outros lugares pelo Brasil.

Claro, esse doce tem o nosso jeito de fazer. Não poderia ser diferente. Isso não quer dizer que nos bastamos com esse jeito. Queremos experimentar novas formas, mas sobretudo, queremos descobrir os sabores de outras regiões do país. Queremos descobrir lugares próximos e distantes, quentes e frios, secos e molhados que tecem à sua moda um texto sobre os fazeres na educação infantil.

Sugestões de Leituras

Página anterior:
brinquedos criados e confeccionados por Rodrigo H. Flauzino.

LIVROS

- *Autora:* Adriana Friedmann
  Livro: Brincar, crescer e aprender: o resgate do jogo infantil
  Editora Moderna, São Paulo, 1996

- *Organizadores:* Altino José Martins Filho; Fernanda Carolina D. Tristão; Ilona Patrícia F. Rech; Maria Luisa Schneider
  Livro: Infância Plural – crianças do nosso tempo
  Editora Mediação, Porto Alegre, 2006

- *Organizadores:* Alysson Carvalho; Fátima Salles; Marília Guimarães e José Alfredo Debortoli
  Livro: Brinca(res)
  Editora UFMG, Belo Horizonte, 2005

- *Autora:* Ana Beatriz Cerisara
  Livro: Professoras de Educação Infantil: entre o feminino e o profissional
  Cortez Editora, São Paulo, 2002

- *Autora:* Ana Lúcia Goulart de Faria
  Livro: Educação Pré-escolar e Cultura: para uma Pedagogia da Educação Infantil
  Editora da Unicamp e Cortez Editora, São Paulo, 1999

- *Organizadoras:* Ana Lúcia Goulart Faria e Marina Silveira Palhares
  Livro: Educação Infantil Pós-LDB: Rumos e Desafios
  Editora Autores Associados, Campinas, 1999
  Coleção Polêmicas do Nosso Tempo, 62

- *Organizadora:* Ana Lúcia Goulart de Faria
  Livro: O Coletivo Infantil em Creches e Pré-Escolas – Falares e Saberes
  Cortez Editora, São Paulo, 2007

- *Autora:* Ana Mae Barbosa
  Livro: Arte-Educação: leituras no subsolo
  Cortez Editora, São Paulo, 1997

- *Organizadora:* Ana Mae Barbosa
  Livro: Inquietações e mudanças no ensino da arte
  Cortez Editora, São Paulo, 2002

- *Autores:* Ana Maria Mello; Wanderley Codo
  Capítulo: Repensando as Relações Creche-Família
  Livro: Sofrimento Psíquico nas Organizações
  Organizador: Wanderley Codo
  Editora Vozes, Petrópolis, 1995

- *Autora:* Anamelia Bueno Buoro
  Livro: O Olhar em Construção: Uma Experiência de Ensino e Aprendizagem da Arte na Escola
  Cortez Editora, São Paulo, 1996

- *Autores:* Ana Mercês Bahia Bock; Odair Furtado; Maria de Lourdes Trassi Teixeira
  Livro: Psicologias – Uma Introdução ao Estudo da Psicologia
  Editora Saraiva, São Paulo, 2005

- *Organizadoras:* Ana Teberosky e Beatriz Cardoso
  Livro: Reflexões sobre o Ensino da Leitura e da Escrita
  Editora Trajetória/UNICAMP, São Paulo, 1989

- *Autora:* Ana Teberosky
  Livro: Aprendendo a Escrever
  Editora Ática, São Paulo, 1995

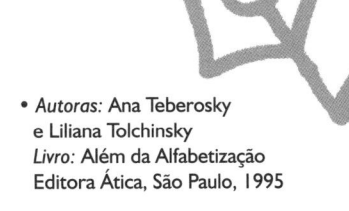

- *Autoras:* Ana Teberosky e Liliana Tolchinsky
  Livro: Além da Alfabetização
  Editora Ática, São Paulo, 1995

- *Autoras:* Anete Abramowicz e Gisela Wajskop
  Livro: Creches – Atividades para Crianças de Zero a Seis Anos
  Editora Moderna, São Paulo, 1995

- *Autoras:* Anna Bondioli & Susanna Mantovani
  Livro: Manual de Educação Infantil – de 0 a 3 Anos
  Editora Artes Médicas, Porto Alegre, 1998 (9ª edição)

- *Organizadora:* Anna Bondioli
  Livro: O projeto pedagógico da creche e a sua avaliação: a qualidade negociada
  Editora Autores Associados, Campinas, 2004

- *Organizadora:* Anna Bondioli
  Livro: O tempo no cotidiano infantil: perspectivas de pesquisa e estudo de casos
  Cortez Editora, São Paulo, 2004

- *Autor:* António Nóvoa e outros
  Livro: Vidas de Professores
  Editora Porto, Lisboa, 1995

- *Organizador:* António Nóvoa
  Livro: Os Professores e sua Formação
  Editora N. Enciclopédia, Lisboa, 1995

- *Autora:* Bárbara M. Brisuela
  Livro: Desenvolvimento Matemático na Criança
  Editora Artes Médicas, Porto Alegre, 2006

- *Organizadores:* Beatriz Regina P. Saeta; João Clemente de Souza Neto; Maria Letícia B. P. Nascimento
  Livro: Infância: Violência, Instituições e Políticas Públicas
  Editora Expressão e Arte, São Paulo, 2007

- *Autora:* Bianca C. Correa
  Capítulo: A educação infantil
  Livro: Organização do ensino no Brasil: níveis e modalidades na Constituição Federal e na LDB.
  Organizadores: Romualdo P. Oliveira e Tereza Adrião
  Editora Xamã, São Paulo, 2ª ed. revisada e ampliada, 2007

- *Organizadores:* Carmem Craidy e Gládis E. Kaercher
  Livro: Educação Infantil – pra que te quero?
  Editora Artmed, São Paulo, 2001

- *Autores:* Caroline Edwards, Lella Gandini & George Forman
  Livro: As Cem Linguagens da Criança: a Abordagem de Reggio Emilia na Educação da Primeira Infância
  Editora Artes Médicas, Porto Alegre, 1999

- *Organizadores:* César Coll; Jesús Palacios & Alvaro Marchesi
  Livro: Desenvolvimento Psicológico e Educação (Vol. 1) Psicologia Evolutiva
  Editora Artes Médicas, Porto Alegre, 1995

- *Autora:* Clarice Cohn
  Livro: Antropologia da Criança
  Editora Zahar, Rio de Janeiro, 2005

- *Autoras:* Cláudia Davis & Zilma de Oliveira
  Livro: Psicologia na Educação
  Série Formação do Professor, Cortez Editora, São Paulo, 1990

- *Autores:* Claudius Ceccon e Jovelina P. Ceccon
  Livro: Cecip – A Creche Saudável
  Editora Artes Médicas, Porto Alegre, 2000

- *Autoras:* Constance Kamii e G. Declark
  Livro: Reinventando a Aritmética:
  Implicações da Teoria de Piaget
  Editora Papirus, Campinas – São Paulo, 1996

- *Autora:* Constance Kamii
  Livro: Jogos em Grupo na Educação Infantil:
  Implicações da Teoria de Piaget
  Editora Trajetória Cultural, São Paulo, 1991

- *Autora:* Darlene Dalto
  Livro: Processos de Criação
  Editora Marco Zero, São Paulo, 1993

- *Organizadoras:* Delia Lerner, Neide Nogueira e Tereza Perez
  Livro: Ensinar: tarefa para profissionais
  Editora Record, São Paulo, 2007

- *Autores:* Denise Carreira e José Marcelino R. Pinto
  Livro: Custo aluno qualidade inicial: rumo à educação
  pública de qualidade no Brasil.
  Editora Global, São Paulo, 2007

- *Autora:* Dulcilia Schroeder Buitoni
  Livro: De volta ao quintal mágico
  Editora Ágora, São Paulo, 2006

- *Autora:* Edith Derdyk
  Livro: Formas de Pensar o Desenho
  Editora Scipione, São Paulo, 1989

- *Autoras:* Egle Becchi e Anna Bondioli
  Livro: Avaliando a pré-escola: uma trajetória
  de formação de professoras
  Editora Autores Associados, Campinas, 2003

- *Autora:* Eliane Cavalleiro
  Livro: Do silêncio do lar ao silêncio escolar: racismo,
  preconceito e discriminação na educação infantil
  Editora Contexto, São Paulo, 2003

- *Autoras:* Ellen e Julia Lupton (Tradução: Cristian Borges)
  Livro: Eu que fiz
  Editora Cosac Naify, São Paulo, 2008

- *Autoras:* Elinor Goldschmied e Sonia Jackson
  Livro: Educação Infantil de 0 a 3 anos
  Editora Artes Médicas, Porto Alegre, 2008 (2ª edição)

- *Autora:* Eloisa Acires Candal Rocha
  Livro: A Pesquisa em Educação Infantil no Brasil: Trajetória Recente
  e Perspectiva de Consolidação de uma Pedagogia
  Núcleo de Publicações, Florianópolis, 1999

- *Autoras:* Emilia Ferreiro e Ana Teberosky
  Livro: Psicogênese da Língua Escrita
  Editora Artes Médicas, Porto Alegre, 1985

- *Autora:* Emilia Ferreiro
  Livro: Com todas as letras
  Cortez Editora, São Paulo, 2001

- *Autora:* Emilia Ferreiro
  Livro: Cultura escrita e educação
  Editora Artmed, São Paulo, 2001

- *Autoras:* Eulália Bassedas, Teresa Huguet e Isabel Sole
  Livro: Aprender e Ensinar na Educação Infantil
  Editora Artes Médicas, Porto Alegre, 1999

- *Organizadoras:* Eulina R. Lordelo, Ana Maria Carvalho
  e Silvia Helena Koller
  Livro: Infância brasileira e contextos de desenvolvimento
  São Paulo e Universidade Federal da Bahia, 2002

- *Autor:* Francisco Frederico Neto
  Livro: Pediatria ao Alcance dos Pais – Compreender a
  Doença É o Melhor Remédio
  Editora Imago, Rio de Janeiro, 1992

- *Autores:* Fred Newman e Lois Holzman
  Livro: Lev Vygotsky – cientista revolucionário
  Editora Loyola, São Paulo, 2002

- *Organizadora:* Fúlvia Rosemberg
  Livro: Temas em Destaque – Creche
  Cortez Editora, São Paulo, 1995

- *Organizadoras:* Fúlvia Rosemberg e Maria Malta Campos
  Livro: Creches e Pré-Escolas no Hemisfério Norte
  Cortez Editora, São Paulo, 1994

- *Autor:* Gabriel de Andrade Junqueira Filho
  Livro: Linguagens geradoras: seleção e articulação
  de conteúdos em educação infantil
  Editora Mediação, Porto Alegre, 2006

- *Autores:* Gema Paniagua e Jesús Palacios
  Livro: Educação Infantil – Resposta educativa à diversidade
  Editora Artes Médicas, Porto Alegre, 2007

- *Autor:* Gilles Brougère
  Livro: Brinquedo e Cultura
  Coleção Questões de Nossa Época
  Cortez Editora, São Paulo, 1995

- *Autor:* Gilles Brougère
  Livro: Jogo e Educação
  Editora Artes Médicas, Porto Alegre, 1997

- *Autora:* Giordana Rabitti
  Livro: À Procura da Dimensão Perdida: uma Escola
  de Infância de Reggio Emilia
  Editora Artes Médicas, Porto Alegre, 1999

- *Organizadora:* Gizele de Souza
  Livro: A Criança em Perspectiva – Olhares do mundo
  sobre o tempo infância
  Cortez Editora, São Paulo, 2007

- *Organizador:* Harry Daniels
  Livro: Vygotsky em Foco: Pressupostos e Desdobramentos
  Editora Papirus, Campinas – São Paulo, 1994

- *Autora:* Heloisa Dantas
  Livro: A Infância da Razão: Uma Introdução à Psicologia da Inteligência de Henri Wallon
  Editora Manole, São Paulo, 1990

- *Autor:* Isabel A. Marques
  Livro: Dançando na escola
  Cortez Editora, São Paulo, 2003

- *Autora:* Isilda Palangana
  Livro: Desenvolvimento e aprendizagem em Piaget e Vygotsky: a relevância do social
  Editora Summus, São Paulo, 1998

- *Autora:* Izabel Galvão
  Livro: Cenas do cotidiano escolar: conflito sim, violência não
  Editora Vozes, Petrópolis, 2004

- *Autora:* Izabel Galvão
  Livro: Henri Wallon – Uma Concepção Dialética do Desenvolvimento Infantil
  Editora Vozes, Petrópolis, 1995 (2ª edição)

- *Autora:* Janet R. Moyler e colaboradores
  Livro: A excelência do brincar
  Editora Artes Médicas, Porto Alegre, 2005

- *Autor:* Jorge Coli
  Livro: O que É Arte
  Coleção Primeiros Passos
  Editora Brasiliense, São Paulo, 1982

- *Organizador:* Judit Falk
  Livro: Educar os três primeiros anos: a experiência de Lóczy
  Editora JM, Araraquara, 2004

- *Autora:* Karen Miller
  Livro: Educação Infantil – Como lidar com situações difíceis
  Editora Artes Médicas, Porto Alegre, 2008

- *Autoras:* Kátia S. Smole; Maria Ignêz Diniz; Patrícia Cândido
  Livros: Coleção Matemática
  Volume 1 – Brincadeiras Infantis nas Aulas de Matemática, 2000
  Volume 2 – Resolução de Problemas, 2000
  Volume 3 – Figuras e Formas, 2003
  Editora Artes Médicas, Porto Alegre

- *Autora:* Lana Ermelinda da Silva dos Santos
  Livro: Creche e Pré-Escola – Uma Abordagem da Saúde
  Editora Artes Médicas, Porto Alegre, 2004

- *Autoras:* Leila Gandini e Carolyn Edwards
  Livro: Bambini – A Abordagem Italiana à Educação Infantil
  Editora Artes Médicas, Porto Alegre, 2002

- *Autora:* Lenira Haddad
  Livro: A Creche em Busca de Identidade: Perspectivas e Conflitos na Construção de um Projeto Educativo
  Editora Loyola, São Paulo, 1991

- *Autor:* Liddy Chiaffarelli Mignone
  Livro: Guia para o Professor de Recreação e Iniciação Musical
  Editora Ricordi, São Paulo, 1961

- *Autor:* Lev S. Vygotsky
  Livro: A Formação Social da Mente
  Editora Martins Fontes, São Paulo, 1984

- *Autor:* Lev S. Vygotsky
  Livro: Pensamento e Linguagem
  Editora Martins Fontes, São Paulo, 1987

- *Autor:* Lev S. Vygotski
  Livro: A Construção do Pensamento e da Linguagem
  Editora Martins Fontes, São Paulo, 2001

- *Autor:* Lino de Macedo
  Livro: Quatro Cores, Senha e Dominó: Oficina de Jogos em uma Perspectiva Construtivista e Psicopedagógica
  Coleção Psicologia e Educação
  Editora Casa do Psicólogo, São Paulo, 1997

- *Autora:* Lucia Reily
  Capítulo: Usos da Arte na Pré-Escola
  Livro: Arte-Educação: da pré-escola à universidade
  Organizador: Luiz Camargo
  Editora Nobel, São Paulo, 1989

- *Autora:* Luise Weiss
  Livro: Brinquedos e Engenhocas: Atividades Lúdicas com Sucata
  Editora Scipione, São Paulo, 1989

- *Autores:* Luiz Cavalieri Bazílio e Sonia Kramer
  Livro: Infância, Educação e Direitos Humanos
  Cortez Editora, São Paulo, 2003

- *Autora:* Madalena Freire
  Livro: A Paixão de Conhecer o Mundo
  Editora Paz e Terra, Rio de Janeiro, 1983 (5ª edição)

- *Autora:* Magda B. Soares
  Livro: Letramento: um tema em três gêneros
  Editora Autêntica, Belo Horizonte, 2003

- *Autoras:* Maria Carmem Barbosa e Maria G. S. Horn
  Livro: Projetos pedagógicos na Educação Infantil
  Editora Artes Médicas, Porto Alegre, 2007

- *Autora:* Maria Carmem Barbosa
  Livro: Por Amor e por Força: Rotinas na Educação Infantil
  Editora Artes Médicas, Porto Alegre, 2006

- *Autor:* Marco A. Camarotti
  Livro: A linguagem no teatro infantil
  Editora Loyola, São Paulo, 1984

- *Organizador:* Marcos C. Freitas
  Livro: História social da infância no Brasil
  Cortez Editora, São Paulo, 1997

- *Autora:* Maria Célia M. T. Santos
  Livro: Museu, Escola e Comunidade: uma Integração Necessária
  Editora e Gráfica Bureau, Coordenadoria do Sistema Nacional de Museus, MEC/FENAM

- *Autora:* Maria da Graça Horn
  Livro: Sabores, cores, sons, aromas – organização dos espaços na Educação Infantil
  Editora Artes Médicas, Porto Alegre, 2004

- *Autora:* Maria de Lourdes Martins
  Livro: A Criança e a Música – o Livro do Professor
  Editora Livros Horizonte, Lisboa, 1987

- *Autoras:* Maria Malta Campos e Silvia Helena Vieira Cruz
  Livro: Consulta sobre qualidade da educação infantil: o que pensam e querem os sujeitos deste direito
  Cortez Editora, São Paulo, 2006

- *Organizadoras:* Maria Malta Campos; Fúlvia Rosemberg & Isabel M. Ferreira
  Livro: Creches e Pré-Escolas no Brasil
  Cortez Editora, São Paulo, 1995

- *Organizadoras:* Marieta Lúcia M. Nicolau e Marina Célia M. Dias
  Livro: Oficinas de Sonho e Realidade na Formação do Educador da Infância
  Editora Papirus, São Paulo, 2000

- *Organizadora:* Maristela Angotti
  Livro: Educação Infantil – para quê, para quem e por quê?
  Editora Alínea, Campinas, 2006

- *Autores:* Marshall H. Klaus & John H. Kennell
  Livro: Pais / Bebês – A Formação do Apego
  Editora Artes Médicas, Porto Alegre, 1993

- *Coordenadora:* Marta Gil
  Livro: Educação inclusiva: o que o professor tem a ver com isso?
  Editora Imprensa Oficial do Estado de São Paulo, 2005

- *Autora:* Marta Kohl de Oliveira
  Livro: Vygotsky – Aprendizado e Desenvolvimento: Um Processo Sócio-Histórico
  Editora Scipione, São Paulo, 1995 (4ª edição)

- *Autores:* MaryAnn F. Kohl e Kim Solga
  Livro: Descobrindo Grandes Artistas – A Prática da Arte para Crianças
  Editora Artes Médicas, Porto Alegre, 2001

- *Autores:* MaryAnn F. Kohl e Jean Potter
  Livro: Descobrindo a Ciência pela Arte – Propostas de Experiências
  Editora Artes Médicas, Porto Alegre, 2003

- *Autores:* MaryAnn F. Kohl e Jean Potter
  Livro: A Arte de Cozinhar
  Editora Artes Médicas, Porto Alegre, 2005

- *Organizadora:* Mary Del Priore
  Livro: História das Crianças no Brasil
  Editora Contexto, São Paulo, 1999

- *Autores:* Mary Hohmann e David P. Weikart
  Livro: Educar a Criança
  Edição da Fundação Calouste Gulbenkian, Lisboa, 2007 (4ª edição)

- *Organizadora:* Mary Kato
  Livro: A concepção da escrita pela criança
  Editora Pontes, Campinas, 2002

- *Autor:* Michel Fayol
  Livro: A Criança e o Número
  Editora Artes Médicas, Porto Alegre, 1996

- *Autores:* Miguel A. Zabalza
  Livro: Qualidade em Educação Infantil
  Editora Artes Médicas, Porto Alegre, 1998

- *Autor:* Miguel A. Zabalza
  Livro: Diários de Aula – Contribuição para o Estudo dos Dilemas Práticos dos Professores
  Coleção Ciência da Educação, Editora Porto, Porto, 1994

- *Autora:* Monique Deheinzelin
  Livro: A fome com a vontade de comer – Uma proposta curricular de educação infantil
  Editora Vozes, Petrópolis, 1997

- *Autor:* Moysés Kuhlmann Jr.
  Livro: Infância e Educação Infantil: Uma Abordagem Histórica
  Editora Mediação, Porto Alegre, 1998

- *Autor:* Nicole Jeandot
  Livro: Explorando o universo da música
  Editora Scipione, São Paulo, 2005

- *Autor:* Paulo de Salles Oliveira
  Livro: Brinquedos Artesanais e Expressividade Cultural
  Série Lazer nº 4,
  Editora Biblioteca Científica – SESC, São Paulo, 1982

- *Autor:* Paulo de Salles Oliveira
  Livro: O que É Brinquedo
  Coleção Primeiros Passos
  Editora Brasiliense, São Paulo, 1984

- *Autor:* Paulo de Salles Oliveira
  Livro: Brinquedos e Indústria Cultural
  Editora Vozes, Petrópolis, 1986

- *Autor:* Philippe Ariès
  Livro: História social da criança e da família
  Editora Guanabara, Rio de Janeiro, 1978

- *Organizadora:* Regina Leite Garcia
  Livro: Revisitando a Pré-Escola
  Cortez Editora, São Paulo, 1997

- *Autora:* Regina Scarpa
  Livro: Era assim, agora não... – uma proposta de formação de professores leigos
  Editora Casa do Psicólogo, São Paulo, 1998

- *Autores:* René Van Der Veer e Jaan Valsiner
  Livro: Vygotsky – uma síntese
  Editora Loyola, São Paulo, 1996

- *Autor:* Robert G. Myers
  Livro: Um Tempo para a Infância – Os Programas de Intervenção Precoce no Desenvolvimento Infantil nos Países em Desenvolvimento
  Editora Centro UNESCO do Porto, Póvoa de Varzim, 1990/1991

- *Autoras:* Rheta De Vries e Betty Zan
  Livro: A Ética na Educação Infantil
  Editora Artes Médicas, Porto Alegre, 1998

- *Autora:* Rosita Edler Carvalho
  Livro: Removendo barreiras para a aprendizagem: educação inclusiva
  Editora Mediação, Porto Alegre, 2000

- *Autora:* Sara Pain
  Livro: Subjetividade e Objetividade – relações entre desejo e conhecimento
  Centro de Estudos Educacionais Vera Cruz, São Paulo, 1996

- *Autoras:* Sonia Kramer (coordenadora); Ana Beatriz C. Pereira; Maria Luiza M. B. Oswald & Regina A. de Assis
  Livro: Com a Pré-Escola nas Mãos – Uma Alternativa Curricular para a Educação Infantil
  Editora Ática, São Paulo, 1993 (6ª edição)

- *Autoras:* Sonia Kramer e Solange Jobim de Souza
  Livro: Educação ou Tutela? A Educação da Criança de 0 a 6 Anos
  Editora Loyola, São Paulo, 1988

- *Autora:* Sonia Kramer
  Livro: Por Entre as Pedras: Arma e Sonho na Escola
  Editora Ática, São Paulo, 1993

- *Autora:* Sonia Kramer
  Livro: A política do pré-escolar no Brasil: a arte do disfarce
  Cortez Editora, São Paulo, 1992

- *Autor:* T. Berry Brazelton
  Livro: Bebês e Mamães
  Editora Campus, Rio de Janeiro, 1981

- *Autor:* T. Berry Brazelton
  Livro: Momentos Decisivos do Desenvolvimento Infantil
  Editora Martins Fontes, São Paulo, 1994

- *Autora:* Tania Alencar Brito
  Livro: Música na Educação Infantil
  Editora Vozes, Petrópolis, 2003

- *Autora:* Teca Alencar de Brito
  Livro: Música na Educação Infantil – Propostas para a formação integral da criança
  Editora Petrópolis, São Paulo, 2003 (2ª edição)

- *Autora:* Telma Weiss
  Livro: Por Trás das Letras
  Editora do FDE – Fundação para o Desenvolvimento da Educação, São Paulo, 1992

- *Autora:* Telma Weiss
  Livro: O diálogo entre o ensino e a aprendizagem
  Editora Ática, São Paulo, 2002

- *Autoras:* Tereza Godall e Anna Hospital
  Livro: 150 Propostas de Atividades Motoras para a Educação Infantil de 3 a 6 anos
  Editora Artmed, Porto Alegre, 2004

- *Autor:* Thereza Montenegro
  Livro: O cuidado e a formação moral da criança na educação infantil
  Editora EDUC, São Paulo, 2001

- *Organizadoras:* Tizuko M. Kishimoto e outros
  Livro: Formação dos Profissionais de Creches no Estado de São Paulo – 1997-1998
  Fundação Orsa, São Paulo, 2000

- *Autora:* Tizuko M. Kishimoto e outros
  Livro: Jogo, Brinquedo, Brincadeira e a Educação
  Cortez Editora, São Paulo, 1996

- *Autora:* Tizuko M. Kishimoto
  Livro: Jogos Tradicionais Infantis – O Jogo, a Criança e a Educação
  Editora Vozes, Petrópolis, 1993

- *Autora:* Vera Maria R. Vasconcelos
  Livro: Educação da Infância
  Editora DP & A, Rio de Janeiro, 2005

- *Autor:* Veríssimo de Melo
  Livro: Folclore Infantil
  Editora Itatiaia, Belo Horizonte, 1985

- *Autor:* Walter Benjamin
  Livro: A Criança, o Brinquedo, a Educação
  Summus Editorial, São Paulo, 1984

- *Autor:* Yves de La Taille
  Livro: Limites: Três Dimensões Educacionais
  Coleção Palavra de Professor
  Editora Ática, São Paulo, 1998

- *Autores:* Yves De La Taille; Martha Kohl de Oliveira & Heloisa Dantas
  Livro: Piaget, Vygotsky, Wallon – Teorias Psicogenéticas em Discussão
  Summus Editorial, São Paulo, 1992

- *Autoras:* Zilma M. R. Oliveira, Ana Maria Mello, Telma Vitoria & Maria Clotilde Rossetti-Ferreira
  Livro: Creche: Crianças, Faz de Conta e Cia.
  Editora Vozes, Petrópolis, 1993

- *Organizadora:* Zilma M. R. Oliveira
  Livro: Educação Infantil: Muitos Olhares
  Cortez Editora, São Paulo, 1994

- *Organizadora:* Zilma M. R. Oliveira
  Livro: A Criança e seu Desenvolvimento – Perspectivas para se Discutir a Educação Infantil
  Cortez Editora, São Paulo, 1995

- *Autora:* Zilma M. R. Oliveira
  Livro: Educação Infantil: fundamentos e métodos
  Cortez Editora, São Paulo, 2002

- *Autor:* Ziraldo Alves Pinto
  Livro: Uma Professora Muito Maluquinha
  Editora Melhoramentos, São Paulo, 1995

Coleção
- *Autor:* Lisa Miller
  Livro: Compreendendo Seu Bebê
  Editora Imago, Rio de Janeiro, 1992

- *Autor:* Deborah Steiner
  Livro: Compreendendo Seu Filho de 1 Ano
  Editora Imago, Rio de Janeiro, 1992

- *Autor:* Susan Reid
  Livro: Compreendendo Seu Filho de 2 Anos
  Editora Imago, Rio de Janeiro, 1992

- *Autor:* Judith Trowell
  Livro: Compreendendo Seu Filho de 3 Anos
  Editora Imago, Rio de Janeiro, 1992

- *Autor:* Lisa Miller
  Livro: Compreendendo Seu Filho de 4 Anos
  Editora Imago, Rio de Janeiro, 1992

- *Autor:* Lesley Holdith
  Livro: Compreendendo Seu Filho de 5 Anos
  Editora Imago, Rio de Janeiro, 1992

- *Autor:* Deborah Steiner
  Livro: Compreendendo Seu Filho de 6 Anos
  Editora Imago, Rio de Janeiro, 1992

DOCUMENTOS OFICIAIS

Para consultar ou obter os documentos na íntegra, use a Internet. Na página http://portal.mec.gov.br você obtém os endereços atualizados da documentação referente à educação infantil.

- CONSTITUIÇÃO FEDERAL DO BRASIL (1988)

- ESTATUTO DA CRIANÇA E DO ADOLESCENTE (13/7/1990)

- LDB: Lei de Diretrizes e Bases da Educação, Diário Oficial, 23/12/1996, DF.

Coleção do MEC / Secretaria de Educação Fundamental (SEF) / Departamento de Políticas Educacionais (DPE) / Coordenadoria Geral de Educação Infantil (COEDI):

- Professor da Pré-Escola, volumes I e II (1991)
- Educação Infantil no Brasil: Situação Atual (1994)
- Política Nacional de Educação Infantil (1994)
- Por uma Política de Formação do Profissional de Educação Infantil (1994)

- Critérios para um Atendimento em Creches que Respeite os Direitos Fundamentais das Crianças
  Autoras: Maria Malta Campos & Fúlvia Rosemberg (1995). Acompanha um vídeo.

- Educação Infantil: Bibliografia Anotada (1995)
- Propostas Pedagógicas e Currículo em Educação Infantil (1996)
- Parâmetros Curriculares Nacionais – Educação para a Saúde (1997)
— Subsídios para credenciamento e funcionamento das instituições de educação infantil (1998)
— Parâmetros Nacionais de qualidade para a Educação Infantil (2006)
— Parâmetros Básicos de Infra-estrutura para instituições de Educação Infantil. Volumes 1 e 2 (2006)
— Revista Criança

> *Observação — Pode ser solicitado:*
>
> Ministério da Educação e do Desporto
> Secretaria de Educação Básica
> Esplanada dos Ministérios
> Bl "L" 5° andar – sala 502
> Brasília – DF
> CEP 70047-901
> Também disponível em:
> http://portal.mec.gov.br

Conselho Nacional dos Direitos da Mulher / Conselho Estadual da Condição Feminina
Coleção Creche Urgente (1987)
- Volume 1: *Criança: Compromisso Social*
- Volume 2: *Organização e Funcionamento*
- Volume 3: *Espaço Físico*
- Volume 4: *O dia a dia*
- Volume 7: *Relatos de Experiência*

> *Observação – Pode ser solicitado:*
>
> Conselho Nacional dos Direitos da Mulher
> Edifício Sede do Ministério da Justiça
> 5° andar – sala 517
> Brasília – DF
> CEP 70-064
> Também disponível em: http://www.mj.gov.br

REVISTAS

Cadernos de Pesquisa
Editora: Elba Siqueira de Sá
Fundação Carlos Chagas
Tel.: (11) 3721.4511 / Fax: (11) 3721.1059
Av. Francisco Morato, 1565
São Paulo – SP
CEP 05513-900
http://www.fcc.org.br

Controle da Variação de Quantidades – Atividades de Ensino
Coordenador: Manoel Oriosvaldo Moura
Oficina Pedagógica de Matemática
Universidade de São Paulo – Faculdade de Educação
Av. da Universidade, 308 – Bloco B, Sala 8
São Paulo – SP
CEP 05508-900

Crescer em Família
Editora Globo
Revista Mensal – Bancas
Tel.: (11) 836.5000 / Fax: (11) 836.5288
Rua Domingos Sérgio dos Anjos, 277
Pirituba – SP
CEP 05136-170

Nova Escola
Editora Abril
Revista Mensal – Bancas
Tel.: 0800-112055 / Fax: (11) 3037.4322
Av. Nações Unidas. 7221, 20° andar
Pinheiros – SP
CEP 05457-000
E-mail: novaescola@email.abril.com.br
http://www.novaescola.com.br

Revista Brasileira de Crescimento e Desenvolvimento Humano
Centro de Estudos do Crescimento e Desenvolvimento do Ser Humano (CDH)
Revista Semestral
Iglu Editora
Tel.: (11) 3873.0227
Rua Duílio, 386 – Lapa
São Paulo – SP
CEP 05043-020

Os Fazeres na Educação Infantil

Queremos manter contato com você. Acreditamos que a troca de informações e experiências entre nós, os trabalhadores da educação infantil, é muito importante para nosso desenvolvimento.

Respondendo esse questionário, você receberá algumas informações regulares sobre os assuntos e eventos de nossa área.

Um grande abraço de todos nós.

Aproveite o livro!

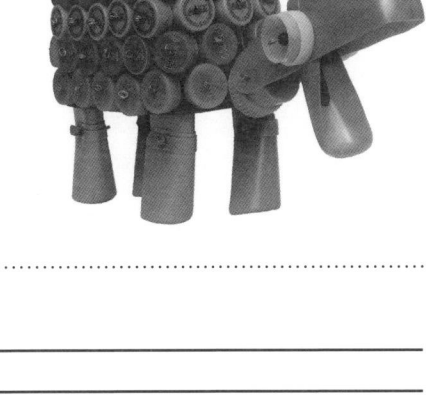

Cindedi, Creche Carochinha e Cortez Editora.

Nome _____
Endereço _____
Bairro _____
Cidade _____
Estado CEP _____
Tel/Fax: (   ) _____
E-mail _____

Formação escolar _____
Profissão _____
Local de trabalho _____

- *O que você achou deste livro?*

- *De que forma você acha que ele ajudará no seu trabalho?*

- *Sobre quais assuntos na área de educação infantil você gostaria de ler um pouco mais?*

Caso desejar, envie este questionário para: **Cortez Editora, Rua Monte Alegre, 1074 • 05014-001 — São Paulo / SP** *ou via e-mail:* **cortez@cortezeditora.com.br**

Série Ideias
FDE – Fundação para o Desenvolvimento da Educação
Coordenadoras: Maria Leila Alves e Maria Claret Duran
Imprensa Oficial do Estado de São Paulo
Governo do Estado de São Paulo
Tel.: (11) 3327.4000 / Fax: (11) 3311.7302
Rua Rodolfo Miranda, 636 – Bom Retiro
São Paulo – SP
CEP 01121-900
E-mail: *crmariocovas@educacao.sp.gov.br*

Perspectiva
Coordenador: Ari Paulo Jantsch
Revista do Centro de Ciências da Educação
da Universidade Federal de Santa Catarina
NUP – Núcleo de Publicações / CED – UFSC
Endereço: Campus Universitário – Trindade
Tel.: (48) 331.9586
Florianópolis – SC
CEP 88040-970
E-mail: *nup@ced.ufsc.br*
http://www.ced.ufsc.br

Estudos em Avaliação Educacional
Editor Responsável: Heraldo Marelim Vianna
Fundação Carlos Chagas
Tel.: (11) 3721.4511 / Fax: (11) 3721.1059
Av. Prof. Francisco Morato, 1565
São Paulo – SP
CEP 05513-900
http://www.fcc.org.br

Pátio – Revista Pedagógica
Organizada pela Faculdade de Educação da PUC-RS
Editora Artes Médicas Sul Ltda.
Tel.: (51) 330.3444
Av. Jerônimo de Ornellas, 670
Porto Alegre – RS
CEP 90040-340
E-mail: *artmed@pro.via-rs.com.br*

DOCUMENTOS ELETRÔNICOS DE INTERESSE

- *www.acaoeducativa.org.br/portal/*
- Relatório sobre as desigualdades na escolarização no Brasil: *www.cdes.gov.br*
- Centro de Educação e Documentação para Ação Comunitária: *www.cedac.org.br*
- Ações voltadas à superação dos preconceitos étnico-raciais: *www.ceert.org.br*
- Consulta de artigos de revistas especializadas: *www.scielo.br*
- Creche Carochinha: *www.pcarp.usp.br/pages/carochinha/default.asp*

AUDIOVISUAIS (Vídeos e DVDs)

Vídeos realizados pelo
Cindedi e **Creche Carochinha**:

- *O Fazer do Bebê*
- *Os Contos que as Caixas Contam*
- *Vida em Grupo na Creche Carochinha*
- *O Lobo que Virou Bolo: Práticas Educativas Alimentares*
- *Quando a Criança Começa a Frequentar a Creche*
- *Creche e Letramento*

Vídeos realizados pela
COSEAS-USP:

- *Crianças na USP – 25 Anos das Creches Coseas*
- *Brincando com Lendas – Creche São Carlos*
E-mail: *dvcreche@usp.br*

Para solicitá-los, entre em contato com
o Cindedi e Creche Carochinha:

CINDEDI / FFCLRP / USP
Av. Bandeirantes, 3900
Ribeirão Preto – SP
CEP 14040-901
Tel.: (16) 3602.3791
E-mail: *cindedi@ffclrp.usp.br*

CRECHE CAROCHINHA / COSEAS-USP
Av. Bandeirantes, 3900
Ribeirão Preto – SP
CEP 14040-901
Tel.: (16) 3602.3580 / 3581 / 3588
E-mail: *ccarochinha@usp.br*

Creche Carochinha – Campus USP-Ribeirão Preto (SP)